講談社選書メチエ

KODANSHA SENSHO MÉTIER

353

清水克行

喧嘩両成敗の誕生

●目次『喧嘩両成敗の誕生』

プロローグ――現代に生きる喧嘩両成敗法

兄弟ゲンカから政争まで

日本人で「喧嘩《けんか》両成敗《りょうせいばい》」という言葉を耳にしたことがないという人は、まずいないのではないだろうか。ケンカをした両者に対して、その正否を論ぜず同等の処罰をあたえる――という、この法は、しかし考えてみれば、ずいぶん乱暴で没理性的な法である。何人かの外国人や外国史を研究している知人に聞いてみても、こうした法は、わが国以外ではあまり例がないようだ。そこで、このあまりにも有名な、それでいて特異な法観念の歴史的な由来を考えるべく、日本の中世（とくに室町・戦国時代）の社会で起きていたことを追跡してみよう、というのが、本書のねらいである。

最初に教科書風の説明をしておこう。喧嘩両成敗法が最初に明確に歴史に現れるのは、駿河国《するがのくに》（静岡県中央部）の戦国大名今川氏親《いまがわうじちか》（桶狭間《おけはざま》の戦いで敗死する今川義元《いまがわよしもと》の父）が大永六年（一五二六）に制定した分国法「今川かな目録」の第八条の以下の文章である。

一、喧嘩におよぶ輩《ともがら》、理非《りひ》を論ぜず、両方共に死罪に行ふべきなり。

「喧嘩」をした両者の「理非」を問題にせず、双方に「死罪」を科するというこの規定は、まさに喧嘩両成敗の名にふさわしいものといえる。ただ、より厳密に言えば、本文中でも述べるように、これ以前、国人一揆《こくじんいっき》の法や寺院内部の法にも両成敗の規定は見ることができ、喧嘩両成敗法を今川氏オリジナルの法と認めることはできないようだ。しかし、この「今川かな目録」の規定が、その後、武田《たけだ》晴信《はるのぶ》（信玄《しんげん》）の分国法「甲州法度《こうしゅうはっと》之《の》次第《しだい》」に受け継がれたように、戦国時代前後、喧嘩両成敗法は急速に普及してゆき、やがて江戸時代以降は、ときに「天下の大法」とよばれるまでにいたる。そして、赤穂浪士《あこうろうし》の仇討《あだう》ちの物語などを通じて、現代でも多くの日本人に広く知られるところとなったのである。ちなみに、二〇〇五年現在、全国の高等学校で使われている「日本史B」の教科書では、全一一冊中一〇冊までが「喧嘩両成敗」の用語を載せており、「戦国時代」の単元《たんげん》中では最重要事項として扱われている[1]。

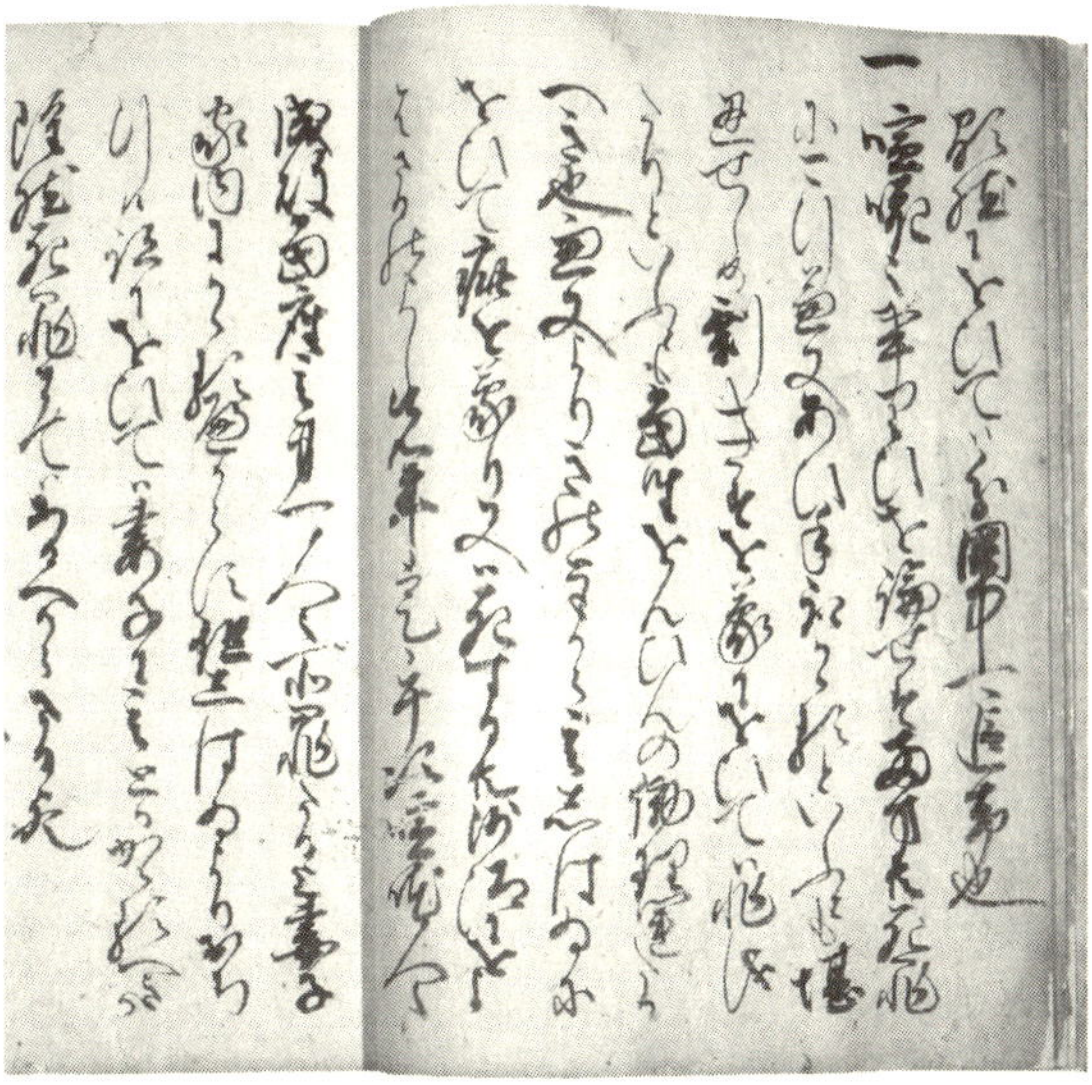

「今川かな目録」喧嘩両成敗の条（黒川本）
（明治大学博物館蔵）

しかし、こうした教科書的な説明を知らなくとも、多くの現代日本人はすでに喧嘩両成敗という言葉をさまざまなかたちで見聞きしているのではないだろうか。筆者の個人的な経験をいえば、この法の名前を最初に知ったのは、ごく幼少期だったように思う。二人兄弟だった筆者は、世間の男兄弟の家庭がそうであるように、小さいころ、よく些細なことで兄弟ゲンカをした。これを父親に見咎《みとが》められると、兄弟はいつもながら我先に自分の正当性を必死になって主張する。「さきに殴ってきたのは、お兄ちゃんだ！」「最初に文句をつけたのは、お前だろ！」「ウソだ！」などなど。しかし、しょせん子供の言い分なので、まじめに聞いていても埒《らち》があかないことの方が多い。そんなとき、父はきまって「ケンカ両成敗だ」といって、兄弟ともにゲンコツを下していたように記憶している（しかも、それは一度や二度のことではなかったように思う）。はたして、いまの若いお父さん方が家庭内の兄弟ゲンカの裁定に喧嘩両成敗を採用しているかどうかは知らないが、筆者の世代（三〇代前半）の家庭では戦国時代以来の紛争解決法（！）がまだ生きていたことは、個人的経験からもまちがいない。

しかし、兄弟ゲンカの収束のための喧嘩両成敗ならまだ可愛らしいが、これがわが国の場合、国政の場でも生きているのだから、事態は深刻である。記憶に新しいところでは、二〇〇二年一月、田中《たなか》真紀子《まきこ》外務大臣と鈴木《すずき》宗男《むねお》衆議院議院運営委員長とのあいだの「喧嘩」に対して、小泉純一郎首相が下した「両成敗」がある。この月の二一、二二日、東京でアフガニスタン復興支援会議が開催されたが、外務省の「族議員」で、外務省に隠然たる力を持っている（とされる）鈴木宗男議員が、直前になって外務次官に特定のNGO団体を参加させないように圧力をかけた（といわれている）。事実ならば鈴木議員の行動は、一議員にもかかわらず、とんでもない越権行為である。この事件が表面化したことで、すぐに田中真紀子外相は外務次官に事情聴取をし、その結果、鈴木議員の圧力が事実であったことを知った（とされる）。これにより、田中外相は国会やマスコミで鈴木議員の干渉を声高に批判することになる。しかし、これに対し、今度は鈴木議員はもとより、当の外務次官までが、その事実はなかったと言いはじめてしまう。これ以前から田中外相と外務省官僚とのあいだには激しい対立があったから、真実は、田中外相が官僚潰しのために虚言を弄《ろう》したのか、それともこれを機会に田中外相を窮地に陥れようとして外務官僚が鈴木議員と仕組んだワナだったのか。「言った」「言わない」の水掛け論をめぐって、世論は突如として騒然となった。とくに田中外相も鈴木議員もともに個性的な政治家であったため、マスコミは二人の対立を面白半分に煽り立てた。

けっきょく、これを見かねた小泉純一郎首相は、同三〇日、田中外相を更迭《こうてつ》し、鈴木議員を衆議院議院運営委員長の役職から降ろすことで、事態の決着をつけた。いくつかのマスコミはこれを当時「喧嘩両成敗」と評しており、評論家のなかには「たしかに個人として責任のない事件の引責辞職というのは外国ではあまり聞かない話であるが、日本的風土に根づいた伝統であり、それなりに皆が納得する決着である」という意見もあった[2]。現実に、この「両成敗」の後、田中前外相と鈴木議員の二人の主張のどちらが真実であるかを追及するマスコミや国民の声はトーンダウンしてしまい、直後にともにまったくべつの汚職事件が明るみに出たことにより国会を追われてしまうという「オチ」がついて、このことは沙汰止みになってしまった。一議員による外務省への異常な干渉、大臣の虚言、そのいずれが真実であるかを追及する姿勢は、喧嘩両成敗という「日本的風土に根づいた伝統」のまえに潰《つい》えてしまったのである。

さらに、古い話になるが、一九七四年一二月、田中角栄《たなかかくえい》首相の退陣にともなう三木武夫《みきたけお》新首相の誕生の背景にも「喧嘩両成敗」の論理が働いていたことが知られている。このとき、田中首相の退陣により、有力後継候補として大平正芳《おおひらまさよし》・福田赳夫《ふくだたけお》の二人の名前があがっていた。かたや大平は田中前首相の絶大な支持をうけており、かたや福田はこれよりさき田中とのあいだで首相の椅子をめぐって争った経験もあり、両者は譲らず、対立は自由民主党を二分する深刻なものとなった。そこで党内では紛争を回避すべく、次期首相は副総裁であった椎名悦三郎《しいなえつさぶろう》の指名に一任することに決着した。しかし、どちらを指名しても党内にシコリが残ることを憂慮した椎名副総裁が、最終的に指名したのは、大平でも福田でもなく、まったく後継候補戦の圏外にいた弱小派閥の三木武夫だったのである。この予想外の展開に多くの国民、マスコミは驚き、三木自身も指名されて「青天の霹靂《せいてんのへきれき》（晴天に起る雷のこと。転じて、予想もしない大事件の意）」と語ったとされ、当時、これは流行語になった。かくして、日本国第六六代総理大臣は三木武夫に決まったのである。戦後政治史上、「椎名裁定」とよばれる出来事であるが、この出来事を報道する新聞のなかには、これをやはり大平と福田に対する「ケンカ両成敗」と評するものがあった[3]。

このように、喧嘩両成敗法は、歴史教科書のなかだけの名辞ではなく、また子供のケンカに対するオシオキに終わらず、ときに現代の国政を左右する事柄や、日本国総理大臣の決定においてまで重要な役割を果たす「日本的風土に根づいた伝統」だったのである。にもかかわらず、少なくとも一般向けの書物として、この法観念の由来を説き起こしたものはまだないようだ。本書になんらかの意義と責任があるとすれば、おそらく喧嘩両成敗法の形成過程について論じた唯一の概説書という点にあるだろう。

時代の「闇」が生んだルール

筆者は、室町・戦国時代の社会史を専門とする研究者であるが、戦国時代に顕著に展開することになる喧嘩両成敗法の形成過程を理解し、「日本的風土に根づいた伝統」という評価を下すためには、その前提となる室町時代の紛争の実態を解明する必要があると考えている。一般に、室町時代という時代は、能楽や狂言・立花《りっか》・茶・水墨画・枯山水《かれさんすい》といった現代日本の伝統文化の基礎が形づくられた時代として広く知られている。むろん、この時代にそうした側面があったことは否定しないし、そのことの重要性は筆者も認識しているつもりだ。ただ、そうした一方で、この一五世紀という時代は、地球規模の環境変動により巨大飢饉が頻発した時代でもあり、日本でも京都やその周辺に難民が続発していたことが史料上からもうかがえる。そしてまた、人々は上から下まで死力を尽くして往来で敵と渡りあう、凄まじい騒擾《そうじょう》の時代でもあった。

本書では、そんな室町時代の京都や奈良に住む公家や僧侶が残した日記を主な素材にして、そのなかに見え隠れする物騒な出来事を細かく拾い出すことで、これまであまり一般には顧みられることのなかった室町時代の「闇」の部分にあえて光を当てたいと考えている。そして、彼らがどのような思考様式や行動様式をもって生き、それがためにどのような紛争や騒擾が巻き起こっていたのか、やがて、そうしたむき出しの暴力と共存するなかで彼らが生み出した喧嘩両成敗法とはどのようなもので、後世にいかなる影響をもたらしたのか、読者と一緒に考えてみたいと思う。

なお、現在、研究者のあいだでは「室町時代（室町期）」といった場合、三代将軍義満《よしみつ》が管領細川《ほそかわ》頼之を罷免して政治的に自立する康暦元年（一三七九）の康暦の政変から、細川政元が一〇代将軍義材《き》を追放した明応《めいおう》二年（一四九三）の明応の政変までを指すのが一般的である（通俗的にいわれている
のとは異なり、応仁元年〈一四六七〉の応仁の乱勃発以後も、少なくとも二〇年間は室町幕府が依然として
機能している点に注意されたい）。本書もこれにしたがい、以下、この期間を「室町時代（室町期）」と
よび、それ以前を「南北朝時代（南北朝期）」、それ以後を「戦国時代（戦国期）」とよぶこととする。
また、本書では足利義満以下の室町幕府の最高権力者のことを、しばしば「室町殿《むろまちどの》」とよぶが、こ
の「室町殿」は「将軍」とは必ずしも同義ではない。この時期には将軍職を退いた前将軍が「室町殿」
と呼ばれて幕府の実権を行使する場合や、将軍就任前の将軍予定者が「室町殿」と呼ばれて実権を行
使する場合が多々見られる。そこで混乱を避けるため最近の学界では、幕府の最高権力者のことを「将
軍」職にこだわらずこうよぶことが多く、本書の表現もこれにしたがったものである。

第一章
室町人の面目

1　笑われるとキレる中世人

立ち小便を笑われて

永享四年（一四三二）五月――。金閣寺《きんかくじ》（鹿苑寺《ろくおんじ》）と北野《きたの》天満宮《てんまんぐう》（北野《きたの》社《しゃ》）、この現在でも有名な京都の二つの寺社が、ふとしたトラブルから衝突し、あわや北野社が襲撃されようという大事件が起きている。さいわい、これを聞きつけた室町殿、足利義教《あしかがよしのり》がすぐに金閣寺側を慰留したため、事件の被害は最小限に食い止められることになった。しかし、室町殿までをも動かしたこの大事件のきっかけは、まったく呆れるほど些細なことだった[1]。

そもそも、ことの起こりは、北野社の社僧（神社に仕える僧侶）七〜八人が金閣寺を観光で訪れたことにはじまる。彼らは下京《しもぎょう》で行われていた「勧進《かんじん》くせ舞《まい》」（寺社の建造費を集めるのを目的とした臨時の舞踊興行）を見物した帰りがけに思い立って、まだ見たことのない金閣を見物しようとしたのだった。ただ、お気に入りの稚児《ちご》二人をはべらせて上機嫌の彼らは、寺見物には相応《ふさわ》しからぬほど、すでにだいぶ酔っ払っていた。そんな彼らが金閣寺の門に入ろうとしたそのとき、金閣寺の僧の一人がたまたま不届きにも自分の寺の門前で立小便をしていた。そして、これを見て、一行のなかの稚児の一人が「笑った」、というほんの些細な一事が、その後の事件の発端となったのである。

なお、事件後の金閣寺側の証言によれば、このとき金閣寺僧に対して北野社の社僧たちが集団で「牛

当時の金閣寺（『元秀印洛中洛外図扇面』）
（東京芸術大学蔵）

が罷《まか》り透《とお》る」（牛みたいなヤツが通ってゆくぞ）とからかったのが直接の原因だともいう。あるいは僧の立小便と牛の長小便の性質をかけた悪口だったのだろうか。もはや今となっては真相は藪の中だが、いずれにしても最初に北野社の社僧側が金閣寺僧をなんらかの言動で嘲弄したのが、この事件のすべてのきっかけであったことは確実なようだ。

酔っ払いの戯言《ざれごと》と言ってしまえばそれまでのことだが、このときからかわれた僧侶には彼らの言動を聞き流すことができなかった。彼は負けずに相手に向かって「過言《かごん》」（度をすぎた悪口）を吐いた。しかし、この「過言」が、すでに酩酊《めいてい》していた北野社の社僧たちを逆に激怒させてしまうことになる。社僧たちは大勢でこの僧侶を追いかけまわし、最後は僧が金閣寺内に逃げ込んで内からかんぬきを掛けているにもかかわらず、門を打ち破らんという勢いで強引に寺内に入ろうとした。

さすがに寺の門を破壊されてはかなわないので、ここで金閣寺側からは一人の老僧が現れて、とりあえず北野社僧たちの怒りを鎮めようということになった。しかし、すでに酒の勢いもあって怒りが頂点に達してしまっている北野社僧たちに老僧の言葉は通用しなかった。それどころか、彼らはついに刀を抜いて、この老僧に斬りかかったのである。当時は僧侶とはいえ刀を帯びている者も多かったから、一度話がこじれると、口論はたちまちに殺人に発展してしまうこともしばしばだった。

けっきょく、これでは手がつけられないと悟った老僧はすぐに寺内に引き返し、周囲に緊急事態を知らせるための鐘を乱打することになる。かくして、変事を聞きつけた金閣寺門前に住む町人や僧たちが、すぐさま現場に駆けつけるところとなった。そして、つぎの瞬間、金閣寺の門前は凄惨な殺傷現場と化したのである。北野社僧たちは駆けつけた大勢の町人や僧たちを相手に激烈な大立ち回りを演じたうえ、一説には北野社僧二人が斬り殺され、金閣寺側も一人が落命したと伝えられている。また一説には、北野社僧のうち一人が殺され、一人が負傷して逃走、一人が捕縛されたともいわれている。いずれにしても、北野社僧たちの呑気な金閣寺見物は、一転して壮絶な乱闘劇に発展してしまったのである。

しかし、事件はまだこれだけでは終わらない。北野社僧たちの無法な行為に憤った金閣寺側は、怒りに任せて、そのまま北野社に攻撃を加えようとしたのである。このままでは、あわや金閣寺と北野社の全面戦争か、と思われたその瞬間、事態は一転して収束に向かう。事件を聞きつけた室町殿、足利義教が奉行人の飯尾為種《いのおためたね》と松田氏秀《まつだうじひで》を送って金閣寺側を慰留したことで、紛争はようやくにして沈静化されたのだった。

現在、金閣寺を観光で訪れる年間五〇〇万人もの人々のなかに、その門前でかつてこのような殺し合いが起きていたことを知る人はまずいないだろう。しかし、室町幕府の泰平の象徴ともいうべき金閣の門の外では、ほとんど同じ時代に、こうした凄惨で無意味な闘乱が日常的にひき起こされていたのである。しかも、数人の命が奪われ、室町殿までが制止に乗り出してくる、この事件のきっかけは、一人の僧のほんの些細な立小便と、それを笑った稚児の無邪気さ、あるいは「牛に似ている」うんぬんの幼稚な戯言、なのである。

現代の私たちからすれば、まったく取るに足らないことではあるが、しかし、これは当時の人々には深刻な問題だった。とりわけ、稚児が最初に「笑った」とか、「牛に似ている」と嘲弄したということが、どうも当時としてはなにより重大な意味をもっていたらしい。この時代、「他人を笑う—他人に笑われる」ということは、事と次第によっては大変な問題をひき起こすことだったのである。

強烈な名誉意識

応永三一年（一四二四）六月、奈良で起きた事件も、この金閣寺の事件とよく似ている[2]。この日は奈良の町なかの押上郷《おしあげごう》の祇園会《ぎおんえ》であった。この恒例の都市祭礼には毎年多くの人出があったようで、町の遊女たちや近在からの見物客で奈良の町はごった返していた。その人混みのなかで、一人の「田舎人」が「酔狂」のあまり「比興《ひきょう》の事《こと》」（不始末）をした。この「田舎人」がしでかした「比興の事」が具体的に何であるか、残念ながらよくわからないが、たまたまそれを見ていた遊女が、ここでもそれを「笑った」。ただ、それだけのことなのだが、笑われた「田舎人」は突如として逆上し、酒の勢いもあって殺人鬼と化してしまう。彼はまず自分を笑った遊女を斬り、続けてその遊女屋の女主人をも斬殺したうえ、最後は自分自身、切腹して果てたという。彼の行為はほとんど通り魔の所業であり、これだけでも私たちから見ればまったく理不尽な出来事なのだが、このときも事態はこれで終わらなかった。やはり事件後に「田舎人」の「方人《かたうど》」(支援者)と主張する人々(おそらく近隣住人だろう)が大勢で奈良の町に復讐のために攻め寄せてきて、奈良の町人たちと衝突し、このときは現実に双方にかなりの数の死傷者が出てしまったらしい。具体的な経緯については不明な点もあるが、ここでもさきの金閣寺の話と同じように、「笑う—笑われる」という本当に些細な問題が殺人に発展し、さらにそれが双方が属する集団どうしの殺戮劇にまでエスカレートしてしまっているのである。

このほかにも、同じ頃の北野社では、神前に奉納した連歌《れんが》の内容がヘタだといって「笑」ったことで、北野社の社僧と参詣人が喧嘩になり、一方が撲殺されてしまうという事件が起きるなど[3]、この時代には「笑う—笑われる」を原因とした殺傷事件は後を絶たない。それほどまでに彼らは傷つきやすく、「笑われる」ということに過敏だったのである。しかも、ここで稚児や遊女に笑われたのを理由にして大惨事を巻き起こした人々は、とくに侍身分というわけではなく、いずれもただの僧侶であったり、たんなる「田舎人」である。彼らの場合、稚児や遊女といった自分たちよりも身分の低い者から笑われたのが、どうにも許せなかったのだろう。この時代の人々は、侍身分であるか否かを問わず、みなそれぞれに強烈な自尊心「名誉意識」をもっており、「笑われる」ということを極度に屈辱と感じていたのである。もちろん室町人のなかにも個人差はあり、その程度は人それぞれであるが、それはおおむね現代人の想像を超えるレベルのものだったようだ。

2 殺気みなぎる路上

無礼な輩は袋叩き

そんな彼らが胸に秘めていた自尊心が火花を散らす最も危険な場が、路上であった。この時代、路上で行き逢《あ》った者のいずれかが必要な配慮を怠ったために、喧嘩にいたるという例が頻繁に確認される。とくに室町時代は、京都という都市がこれまで公家や寺社の拠点であったのに加えて、あらたに武家（足利氏）もそこを政治拠点とした。そのため、結果的に京都は公・武・寺・社、それに一般庶民という異なる多様な社会集団がひしめき合う場と化したのである。これにより、最盛期の京都の人口は「二〇万戸」にまで達したともいわれている[4]。そうした多種多様な集団が日常的に交錯する京都の大路・小路は、室町人にとってつねに殺気に満ちた危険な場だった。

室町前期の政治・経済・文化を語るうえで欠かすことのできない基本史料である『看聞日記《かんもんにっき》』という日記を残した、伏見宮貞成《ふしみのみやさだふさ》という風変わりな皇族がいる。彼は皇族でありながら訳あって伏見に隠棲し、近隣の一般庶民とも親しく交わり、庶民との交遊や伝聞をその日記に詳細に書き記したために、研究者の間でも「庶民派」として親しまれている人物である（じつは、さきに紹介した金閣寺と奈良の二つの事件も、ともにこの伏見宮が『看聞日記』に書き残してくれたエピソードである）。

応永三一年（一四二四）三月、この日も伏見宮貞成はいつものように呑気にお供を連れて「野遊」

に出て、つくしなどを取って御所に帰ろうとしていた[5]。そのとき、一人の馬に乗った「土民」が彼の行列の目前に現れた。これに対して伏見宮は、「乗馬」は無礼であるから即「下馬」するように、と求めた。この時代、どんな事情があろうとも、皇族である伏見宮のまえでは「土民」は下馬するのが当然の礼儀である。しかし、この「土民」はすぐに下馬する様子はなく、それどころか逆に「腹《ふく》立《りゅう》の気《け》」、つまり反抗的な態度すら示したという。この態度を見て憤然としたのは、伏見宮よりもむしろお供の「地下《じげ》の若物共《わかものども》」だった。彼らは、すぐに寄ってたかってこの不届きな「土民」を馬から引きずり下ろし、すんでのところで袋叩きにしようとする。しかし、この様子を見た伏見宮は殊勝にも、逆に「地下の若物共」に手荒な真似はしないようにと諭し、ただ「土民」を追い払わせるだけでことを済ませ、引き続き春ののどかなつくし狩りを楽しんだという。このあたりが「庶民派」伏見宮貞成の面目躍如たるところではあるが、むろん、このようなことは例外中の例外で、通常、貴人のまえに「土民」が乗馬で現れれば、袋叩きで済めばいい方で、下手をすれば流血の惨事が現出することになる。

礼儀を守っただけなのに……

永享一一年（一四三九）六月には、こんな事件も起きている[6]。尾張国《おわりのくに》（愛知県北西部）の於保藤左《おぼとうざ》衛門尉《えもんのじょう》貞久《さだひさ》という侍が、同国の甚目寺《じもくじ》という名刹《めいさつ》に観音詣《もう》でに出かけたときのことである。彼はその道中、ちょっとした「所用」があって「下馬」をした。そこへ同国の溝口《みぞぐち》某という者がたまたまやって来て、下馬をしている於保に気づいて、自分も「下馬」をして、相手に対して相応の「礼」の気持ちを表わした。ところが、これが於保の気に障《さわ》ったらしい。彼は興奮して「われは所用ありて下馬なり。しかるに下馬あるの条、野心か」、――俺は別の用事があって下馬したのであってお前に下馬したわけではない！　なのにお前が下馬するとはどういう料簡だ！　なにか俺にとって変わろうという野心でもあるのか!!、と溝口を叱責する。これに対し、溝口は「誰とも知り申さず候。しかれども御下馬のあひだ、法に任せ礼として下馬するのみ。さらに野心にあらず」、――あなたが誰かなんて私は分からないですよ、ただそちらが先に下馬されたので、こちらとしても慣習に従って礼儀として下馬しただけのことではないですか、あなたに野心をもつだなんて、とんでもない、と冷や汗をかきながら必死の弁解をする。

　ここで於保が最初に怒った理由は、どうやら於保よりも溝口の方が軽輩で、通常なら於保の側から溝口に対して先に「下馬」の「礼」をとることはない、という両者の関係が前提としてあったようだ（口論のあいだも溝口は於保に対して敬語を使っている）。にもかかわらず、於保はたまたま別の「所用」で「下馬」をしただけなのに、溝口の方がそれに対して「下馬」の「礼」で応じてしまったために、まるで於保が溝口に対して先に「下馬」を行い、於保が溝口よりも身分が低いかのような奇妙な状況が生まれてしまったのである。このことに対して、於保は「野心か！」と言って怒ったようである。とはいえ、この事件を日記に記録した公家も「於保もしくは沈酔か」、――於保は酔っていたのではないか？　と感想を書き留めたように、このときの於保の言いがかりは、さすがに当時一般にも通用しないものだったようだ。だいいち、どう考えても状況的には変なタイミングで勝手に下馬した於保の方に責任があるように思える。また溝口の立場からすれば、この「下馬」を無視すれば失礼なことになると考えて、とりあえず誰かは分からないけど「下馬」しておこう、と考え行動しただけのことであって、にもかかわらず言いがかりをつけられたのではまったく立つ瀬がない。

ところが、於保はなおも溝口の弁明には耳を貸さず、ひたすら「私に対する野心だ」の一点張りだった。そして、とうとう刀を抜いて溝口に襲いかかったのである。これに対し、溝口もついに抜刀したものの、けっきょく両者は互いに刺し違えて死んでしまったという。「下馬」には「下馬」で応ずるという「法」（慣習）や「礼」（マナー）はあったものの、そのタイミングがひとつズレただけで、命を落としかねないというのが、この時代だった。

なお、こうした当時の乗馬・下馬の問題は、のちの時代のように必ずしも侍身分だけの問題ではなかった。文明一一年（一四七九）五月の大和国《やまと》（奈良県）では、馬に乗っていた能楽師の金春与四郎《こんぱるよしろう》と、道で行き逢った唱聞師《しょうもじ》たちが「乗馬の事」で「問答」になっている7。唱聞師とは、本来は民間の陰陽師《おんみょうじ》のことであるが、大和国では彼らが寺社での奉納猿楽を行うことも多く、必然的に専業の能楽師である金春与四郎たちとは対立する関係にあった。このときの「問答」も、かねて険悪だった両者の関係が前提にあって、それが金春与四郎の「乗馬の事」をきっかけに表面化してしまったのだろう。けっきょく、その場での「問答」は教浄法師《きょうじょうほっし》という僧のとりなしで「無為」とはなったものの、やはり、いいがかりをつけられた金春側の「腹立」は収まらなかった。このあと、金春は地元の国人《こくじん》（地域の有力武士のこと）である古市《ふるいち》氏に、このことで「訴訟」を持ち込んでいる。そのため、この「訴訟」をうけた古市氏は、後日、芝屋《しばや》（奈良市柴屋町）というところにあった唱聞師たちの集落を残らず焼き打ちにしてしまっている。さすがにこれには「座の者ども不足極まりなきか」、——金春座の連中はやりすぎだ[8]、という批判も当時あったが、いずれにしても「乗馬の事」は、侍身分か否かを問わず、その場では収まっても、後々までも怨恨を残す深刻な問題だったのである。

子供が囃しただけなのに……

さきの尾張での「下馬相論」の話を日記に記録してくれた公家、万里小路《までのこうじ》時房《ときふさ》は、文安元年（一四四四）五月には、こんな哀しい事件も書き残してくれている[9]。京都の市内、大炊御門《おおいみかど》烏丸《からすま》あたりに、室町幕府の有力大名のひとり山名《やまな》氏の女中（一説には山名氏配下の垣屋《かきや》氏の妻ともいう）を乗せた輿の行列が進んでいた。すると、この輿の行列を見て、町の子供たちが「〽アレハ誰ガ御輿　〽大領殿《だいりょうどの》ノ御輿」という歌をうたって囃《はや》し立てた。この奇妙な歌は、『臥雲日件録抜尤《がうんにっけんろくばつゆう》』という記録の文明二年（一四七〇）正月五日条にも紹介されている。そこでの解説によれば、この歌は、かつて近江国（滋賀県）にいた「大領殿」という慈悲深い長者をたたえる内容の歌で、当時は都でも地方でも四～五歳の子供たちは、輿が通過すると必ずこれを歌って囃し立てたのだという。つまり、このときも子供たちは、当時流行していた童謡を歌いながら、輿の行列を無邪気に囃し立てていただけなのである。

この歌を聞いて、行列のお供の一人もふざけて、子供たちの一人の頭を軽く叩く真似をした。なんと微笑ましい光景だろう。ところが、そのとき、何を思ったのか行列の後方にいたお供の男の一人が、突如、刀を抜いて前に進み出て、なんのためらいもなく、そのまま子供の小さな身体に刀を三度までも突き刺したのである。今度の事件も記録者の万里小路時房は「もってのほか泥酔しけるか」と、この男の凶行に驚き、事件当時、泥酔していたのではと疑っている。おそらく男は子供が前方で行列に

見物人を抜刀して追いかける侍（『国立歴史民俗博物館甲本洛中洛外図』）
（国立歴史民俗博物館蔵）

無礼を働いたとでも勘違いしたのだろう。一瞬にして凍りつく街角。血まみれで倒れた子供をまえにして、男はなお「誰にても出ずれば、物ならば貸すべし」、——文句があるヤツは誰でも出てこい！　俺と闘う気があるなら刀ならいくらでも貸してやるぞ！　と周囲に咆《ほ》えたという。

　この時代、こうして町のなかで殺人などが起きた場合、すぐに近隣の住人たちが飛び出してきて、即座に犯人を捕縛するというのが、一般的なあり方だった。ところが、このときばかりは、町内からはついに一人もこの男を押さえつけようとする者は現れなかった。万里小路時房の証言によれば、刺された子供はわずか八歳で、父親がすでに死んでおり、「孤《こ》露《ろ》」（孤児）だったという。おそらく町人たちが男を取り押さえなかったのも、この子が正規の町の構成員（の子供）ではなかったためだろう。この時代の村や町が独自の裁量で法や武力をもち、自らの身を守っていたことは広く知られるようになっているが、残念ながら、そうした共同体による保護は、その成員外の者にまでおよぶものではなかったのである。

　しかし、刺された子供はすぐには死ななかった。「闘う気があるなら刀ならいくらでも貸してやるぞ！」とわめき散らす男に対して見てみぬふりをする町の大人たち、それを尻目に、何事もなかったように通り過ぎてゆく山名の行列を睨みながら、彼は血まみれで、こう言ったという。

菖蒲曹《しょうぶそう》の刀にても持ちたらば、敵はとるべかりし物……。

「菖蒲曹の刀」というのは、五月五日に子供たちが作って遊ぶ、菖蒲の茎で作ったおもちゃの刀のことである（この日も、あと四日で五月五日だった）。「菖蒲の刀でも身につけておれば、敵に不覚はとらなかったのに……」、もちろん八歳の子供が菖蒲で作った刀で真剣をもった大人と闘えるわけはないのだが、彼は誰にも頼らずに、この男と闘う気概だけはあったようだ。彼は重傷を負いながらも、その日一日生きつづけ、夜になって息絶えたという。

この場合は、男の勘違いが無邪気な子供を死に至らしめたという理不尽な話であるが、この話からも分かるように、当時の人々は強烈な自尊心をもって生きており、それに抵触する言動に対しては、子供であっても決して容赦はしなかった。そして、被害者の孤児が刺されながらも「菖蒲曹の刀にても持ちたらば……」と呟いたことに象徴的に示されているように、京都の路上にたむろする孤児たちも、共同体による保護が得られない以上、自分の身は自分で守るという覚悟を持って生きていたのである。

大人や子供を問わず、京都の大路・小路はつねに「死」と背中合わせの危険な場だったのである。

3　反逆の心性《エートス》

細川勝元の遭難

しかし、人々の名誉心の犠牲になるのは、いつも弱者の側とはかぎらなかった。日本史上最も有名な戦乱のひとつである応仁の乱（応仁・文明の乱）の一方の立役者、東軍総大将細川勝元《ほそかわかつもと》も、少なくともその生涯で二度、生死の危機に直面している。

最初は、彼がまだ一五歳のとき、文安元年（一四四四）五月[10]。このとき勝元少年は、ふだんの遊び相手である香西《こうざい》氏の子息と前田《まえだ》氏の子息のしている囲碁を御殿のなかで観覧していた。そこで勝元は、勝負の行方を見かねて、一方の香西少年にだけこっそりと「助言」を加えた。ところが、これが前田少年（当時一五歳）には面白くなかったようだ。彼はむきになって勝元に「怨言《えんげん》」を吐いたという。そこで、これに怒った勝元は囲碁を中止させ、即刻前田少年を御殿から追い立てた。憤然として細川邸を後にした前田少年は、しばらくすると、なんと自宅から抜き身の刀をひっさげて細川邸に舞い戻ってきた。絵巻物などを見ると、この時代の子供は絵を描くにも、巻物を読むにも、よく腹這いになっている[11]。乱暴者の前田少年を追い出した勝元は、きっとお気に入りの香西少年と一緒に御殿のなかで腹這いになって遊んでいたのだろう。そんな「平臥《へいが》の席」に、前田少年は立ち戻り、勝元に向けて思いっきり白刃を浴びせたのである。しかし、勝元はふだんから「兵法《ひょうほう》」を学んでいたために、寝ながら降りかかる前田少年の太刀を二度までもかわしたという。ちなみに勝元の子、政元も、後に怪しげな兵法や修験道《しゅげんどう》を学んでいたというから[12]、こうしたものを習得するのは、あるいは細川家の血筋なのかもしれない。ともあれ、二太刀めをかわした後、勝元はすっくと立ち上がり、逆に刀を奪い取り、あっという間にその刀を前田少年のうなじに押し当てて、彼の動きを封じてしまった。しかも、その後の勝元の処置も冷静なもので、すぐに斬り殺しても支障はないところを、その身柄を前田家の親類の家に預け、後日、預けられた前田家一族の沙汰として「切腹」させるという最大限の配慮が加えられた。これにより、前田少年は面目を保ちつつ「切腹」して果てたという。

細川勝元
（龍安寺蔵）

江戸時代以降、切腹というものが武士身分にだけ許された自害方法で、それ自体が身分特権であったということはよく知られている。これに対し、少なくとも室町時代については、僧侶や女性も切腹をしているので、そうした意識はまだ形成されてはいなかったようだ。ただ、室町時代においても、切腹を行った女性に対し「女中《じょちゅう》の大丈夫《だいじょうぶ》なり」という賞賛がなされている史料も確認できることから、中世社会においても切腹というのはそれなりに勇気や矜持を示す行為と考えられていたことはまちがいない[13]。そのため、主君を殺害しようとした者に対して「切腹」が許されたというのは、やはり同時代的には相当に温情ある措置と考えられたようだ。この事件の経緯を日記に書きとめた記者は、一五歳にもかかわらず勝元の英明な措置に感服し、「当座つつがなし、後代に名を揚ぐ」「感悦《かんえつ》々々」と、手放しで賞賛している。

つぎに、二度目の勝元の遭難は、彼が一七歳のとき、文安三年（一四四六）五月の夜中。このときは塩飽《しわく》某という家人に危うく殺されかけている[14]。もっとも、このときの塩飽の目的は勝元自身ではなく、真の狙いは、勝元に寵愛されていた同輩の内藤《ないとう》四郎左衛門《しろうざえもん》という者だった。ここで命を狙われた内藤と勝元はどうも同性愛関係にあったらしく、事件当夜もちょうど二人は「同じ蚊帳《かや》の内にあり」という状況だった。その寝所に忍び入った塩飽は勝元と同衾《どうきん》していた内藤に襲いかかり、彼をみごとに仕留め、同時に近くに侍っていた遁世者《とんせいしゃ》（同朋衆《どうぼうしゅう》ともいわれる、この時代の貴人のそばに仕えた「×阿弥《あみ》」という名をもつ僧形の者）も一人殺害している。勝元は当時一七歳とはいえ、すでに室町幕府のナンバー2である「管領《かんれい》」の職にあった。その寝所で起きた殺害事件であるから、当時の人々の衝撃も大きかっただろう。原因は不明だが、わざわざ寝所を襲い、殺された相手が他ならぬ主人の「愛人」であったことを考えると、原因は勝元をめぐる男同士の痴情のもつれによるものだった可能性が高い。

以上のように、細川勝元は、彼が政治の表舞台で活躍するよりも以前、すでに二度にわたってその被官《ひかん》（家臣のこと。室町期には一般的にこう呼ぶ）によって命を奪われかけていたのである。しかも、この二回の事件に共通するのは、いずれも彼らが最初から勝元に反逆心をもっていたわけではなく、勝元の寵愛が他の被官に向けられたことに対する屈辱を晴らすため主人や寵臣に刃を向けた、という事情であった。

撓めがたき性根

おそらくこれも、彼らのもっていた自尊心と深く関わる問題だろう。とくに最初の事件の場合、すべての原因は囲碁の「助言」をめぐる些細な軋轢《あつれき》である。今回の事例は子供同士の話であるとはいえ、こうした囲碁などのゲームをきっかけにして紛争がひき起こされる例は中世社会にはやはり多く確認できる。さかのぼって応安三年（一三七〇）九月には、公家の葉室長親《はむろながちか》とその青侍《あおざむらい》（公家に仕える六位の侍）のあいだで行われた「双六《すごろく》」が、どういうわけか「闘擾《とうじょう》」に発展している15。このとき逆上した青侍は、主人である長親に重傷を負わせ、直後にその場で他の家人たちから殺害されている。このように些細なゲームの勝敗をめぐっても、あわや「主殺し」にまで発展しかねないのが、この時代の特徴であった。幸運にも主人長親は一命はとりとめたものの、一時は死亡説も流れており、その説を信じた日記の記録者は「末代といへども主を殺すの条、希代《きだい》の所為《しょい》なり。下剋上《げこくじょう》の世、およそ怖畏《ふい》きわまりなしの秋なり」と、悲憤慷慨《ひふんこうがい》している。ここに出てくる「下剋上」という言葉が室町・戦国時代を語るうえでのキイ・ワードのひとつであることは一般によく知られているが、その「下剋上」の原因は、家臣の側の権勢欲や野心ばかりではなく、しばしば双六の勝敗のようなつまらない事柄であったことには注意をされたい。この時代の武士の間には、主従の間の上下の秩序よりも、みずからの自尊心や誇りを維持することの方がときとして優先され、それが「下剋上」を生み出す原因ともなっていたのである。

ちなみに、近年の近世史研究の成果により、江戸前期の武士社会においても、人々のなかに過激な名誉意識が共有されており、しばしばそれが紛争の火種となっていたことが明らかにされている16。そうした成果に学んで、あえて本書が扱う室町時代の人々の名誉意識と江戸時代の人々のそれとの相違点を述べるとすれば、大きく二点が指摘できるだろう。すなわち、一つには、すでに述べたように、その名誉意識が侍身分に限定されず、僧侶や一般庶民にも共有されるものであったこと、そしてもう一つには、ここで述べたように、それがより容易に主君への反逆にも転化する性格のものであったこと、である。

もちろん主人の側にとって、このような被官たちの心性ほど厄介なものはない。そのため、主人たちは被官たちの荒ぶる心性を主従秩序の側に矯正しようとしばしば試みるのだが、それはなかなかうまくはいかなかった。ひとたび屈辱を加えられれば相手が主人といえども黙っていてはならない、という当時の社会通念は、それほどまでに根強かったのである。現に、一五歳の細川勝元自身、前田少年の反逆行為を即時に罰することをせず、むしろ当時においては最大級の恩典を与えて、「切腹」というかたちで死に花を咲かせてやっている。しかも、そうした勝元の穏便な措置を「当座つつがなし、後代に名を揚ぐ」「感悦々々」と誉めそやす人々は決して少なくなかったのである。

第二章
復讐の正当性

1　室町人の陰湿さ

大名も意のままにはできない

とはいえ、この時代の人々も、つねに瞬間湯沸し器のように怒りを燃え上がらせ、始終キレていたわけではない。一口に「喧嘩」といっても、細かくみれば史料上の表現に「当座《とうざ》の喧嘩」と「宿意《しゅくい》の喧嘩」という区分があったように、当時の喧嘩にも偶発的なものと、かねてからの恨みによる復讐の二種類があった。そして、前章でみた事例の多くが泥酔のうえでのトラブルであったらしいことを想起すればわかるように、当時の人々は強い自尊心をうちに秘めながらも、さすがに「当座」では酒の勢いや特殊な事情でもなければむやみにキレることはなかった。そのため、どちらかといえば、当時、社会的には「当座の喧嘩」よりも「宿意の喧嘩」の方により深刻な問題があったといえる。そこで、以下、本章では主に後者、復讐や敵討《かたきうち》の問題について考えてみたい。

一六世紀に日本に来た宣教師ヴァリニャーノは、著書『日本巡察記《にほんじゅんさつき》』のなかで、日本人の恐るべき執念深さを、以下のように述べている。

彼等は、感情を表すことにははなはだ慎み深く、胸中に抱く感情を外部に示さず、憤怒《ふんぬ》の情を抑制しているので、怒りを発することは稀である。（中略）互いにははなはだ残忍な敵であっても、相互に明るい表情をもって、慣習となっている儀礼を絶対に放棄しない。(中略) 胸中を深く隠蔽していて、表面上は儀礼的で鄭重な態度を示すが、時節が到来して自分の勝利となる日を待ちながら堪え忍ぶのである1。

当時の日本人は強烈な名誉意識をもちつつも、一方で怒りを「胸中を深く隠蔽し」、「時節が到来して自分の勝利となる日を待ちながら堪え忍ぶ」という陰湿さも同時に持ち合わせていたのである。とくに、容易に「主殺し」に転化するような荒ぶる心性を身につけていた被官たちに推戴《すいたい》されていた室町期の大名たちは、つねに被官の反逆に恐々としながら生きていたことは疑いない。史料を読んでいると、よくこの時代の室町殿や大名が発狂するという話に出くわす。あまりにその事例が多いため、これを足利氏を中心とした遺伝的な形質として理解する説もあるが、むしろ私は、その原因は当時の権力構造と被官の心性に由来するものと考えるべきだと思う。後継者の決定や家政の運営について、この時期、大名当主の意見は通りにくくなり、家臣団の意見が尊重されるようになってくる。また、彼ら被官たちが主従の秩序よりも自身の誇りを最優先する心性をもっていたことは前述のとおりである。いっそ近世大名のように、大名当主の存在が「家中《かちゅう》」という政治機構のなかに明確な職《しょく》掌《しょう》と位置を与えられていれば問題もないのだが、この時期の家政のすべては家臣団と大名当主のパワー・バランスのなかで流動的に推移していた。そんな不安定さのなかで、家臣団を思いどおりに統制することができず、精神のバランスを崩してゆく大名が多かったのではないだろうか。

現実に細川勝元と山名《やまな》宗全《そうぜん》(持豊《もちとよ》)という応仁・文明の乱の双方の総大将も、その大乱が当初の予想を超えて六年もの長きにわたるにおよび、狼狽し、勝元は衝動的に落髪《らくはつ》、宗全は切腹未遂を起こし、二人とも前後して急死している[2]。彼らはかたちのうえでは総大将であったものの、自分の派閥や配下の被官を最後は制御できなくなり、精神的に追い詰められるなかで死んでしまうのである。室町時代の武将の行動が戦国時代のそれと比べて柔弱で、ときとして不可解な印象をうけるのも、けっきょくのところ、彼らが背負っていた権力構造と社会通念に由来しているのである。

やるかやられるか

しかし、大名当主もこの時代を生きる以上、「憤怒の情を抑制し」「胸中を深く隠蔽」して「勝利となる日」を待ち望むという、人並みの執念深さは持ち合わせていた。彼らは、被官たちに反逆の芽がふくまえに、それを絶つことをつねに画策していた。同じく一六世紀に日本に来た宣教師オルガンティーノは、書簡のなかで以下のようにも述べている。

彼等（日本人）は笞《むち》で人を罰することをせず、もし誰か召使が主人の耐えられないほどの悪事を働く時には、彼は前もって彼等の憎悪や激昂の徴を現わすことなく彼を殺してしまう。なぜならば、召使は嫌疑をかけられると、先に主人を殺すからである[3]。

被官を殺すときは「憎悪や激昂の徴」をすこしも見せず、すみやかにヤらなければならない。でないと、向こうがこっちを先にヤるかもしれない……。なんとも恐ろしい話であるが、これは室町時代にもよく当てはまる。それまで何の素振りも見せないのに、突然、主人が被官を殺害する（殺害しようとする）という事例は数多い。

宝徳二年（一四五〇）六月、大和国の古市《ふるいち》（奈良市古市町）に、宇高有光《うだかありみつ》という武士が一族と連れだって、地元の国人古市氏を頼ってやってきた[4]。この時期、同じく古市氏の厄介になっていた安位寺《あんみじ》経覚《きょうがく》の日記によれば、この宇高という者は、もとは京都で和泉国上守護《いずみのくにかみしゅご》の細川常有《ほそかわつねあり》に仕えていたのだという。ところが、「主命に背く」とも「傍輩《ほうばい》の沙汰」（同僚とのトラブル）ともいわれる理由から、主人細川常有は突然宇高の屋敷に「夜打《ようち》」をかけ、みずからの手で宇高を抹殺しようとしたのである。このあたりの細川常有の行動は、「前もって彼等の憎悪や激昂の徴を現わすことなく」主人は自身の召使いを殺す、という、さきの宣教師オルガンティーノの証言とまったく同じ行動様式である。しかし、「夜打」はあえなく失敗し、宇高は京都を引き払い必死に古市まで落ちのびてきた、というわけである。

さいわい古市氏は彼の亡命を温かく迎え、その後、彼は古市名物の風流踊《ふりゅうおど》りなどを見物しながら、心休まる数ヵ月を送った。日記を残した経覚とも結構親しい間柄になったらしい。ところが、九月になって、経覚は妙な話を耳にする[5]。宇高は手放しの喜びようで「先管領〈細川〉扶持《ふち》すべきのよし申すあひだ、近日、まかり帰るべし」――前管領の細川勝元様が私を召抱えてくださるそうなので、近日中に京都に帰ろうと思うのです、とあちこちで言いまわっているらしいのだ。いちどは和泉細川家から命を狙われた者が、帰参を許されるどころか、わずかな期間で細川本家に召抱えられるというのだから、これは宇高にとってはまたとない好機であり、まったく幸運な勧誘だった。しかし、経覚には、これを聞き「早速の儀、はなはだ不審なり。もしくは子細あるか」——あまりにタイミングが早すぎる……、なにか裏があるのではないか、との疑念が浮かんだ。この疑念を経覚が宇高に伝えなかったのか、伝えたけれど宇高が聞かなかったのかは、わからない。翌日、宇高は一族を連れて古市を発ち、揚々と一路京都へ向かっていってしまった。

経覚の疑念が現実のものとなった知らせは、それからわずか六日後に古市に届けられた。宇高は京都で騙し討ちに遭い「父子・若党等一六〜七人」が皆殺しにされたのだという[6]。「案ずるがごとし」と、経覚が言ったところで、それはもうどうにもならないことだった。やはり話がうますぎた。細川勝元と和泉細川家はグルだったのである。勝元はすでに二度被官に殺されかけている経験を無駄にはせず、分家に反逆した者を言葉巧みに手なずけ、その出世欲を逆手にとって、みごとに討ち果たしたのである。さきの宣教師たちが残した証言そのままに、勝元は陰湿な復讐に成功し、反逆の芽をつみとったことになる。

2 「親敵討」の正当性

敵討は「公認」か?

ところで、敵討《かたきうち》や復讐についての研究は、明治以来、わが国では長い伝統がある。煩瑣ではあるが、重要な問題でもあるので、ここですこし研究史を振り返っておこう。

一番最初に敵討について積極的な発言をしたのは、旧五千円札でも有名になった新渡戸稲造《にとべいなぞう》（一八六二〜一九三三）である。彼は、世界に向けて「日本人の美意識」を最初に発信した著書『武士道』（英語版一八九九年・邦訳一九〇八年）のなかで、敵討に言及している。そこで彼は、前近代の武士が行っていた敵討を「刑事裁判所のなき時代」にあっての社会の秩序を維持するための「倫理的衡平裁判所《りんりてきこうへいさいばんしょ》」の役割を果たしたと述べて、武士社会の敵討を普遍的な人類史のなかの一階梯《かいてい》として位置づけている。

つぎに法学者としてこの問題に本格的に取り組んだのが、明治・大正の法学界で「大御所」とよばれた穂積陳重《ほづみのぶしげ》（一八五五〜一九二六）である。彼は著書『復讐と法律』（没後一九三一年刊行）のなかで「法律進化論」という立場から、復讐行為を法律によって克服する過程を人類史の必然的発展としてとらえ、敵討を「復讐公許時代」の産物として位置づけている。穂積によれば、人類の歴史は「復讐公許時代」から「復讐制限時代」を経て「復讐禁止時代」へと発展してゆくとされる。

さらに、アジア・太平洋戦争中に超国家主義的な歴史観である「皇国史観《こうこくしかん》」を主唱した人物として知られる、平泉澄《ひらいずみきよし》（一八九五〜一九八四）も、その初期の著作『中世に於《お》ける社寺と社会との関係』（一九二六年）では、日本中世におけるアジール（避難所）と復讐の問題について論及している。そこでは、日本中世において社寺が西洋のアジールに類似の役割を果たしていたことが立証されるとともに、アジール成立の背景として中世社会に復讐の横行があったことが指摘されている。そのうえで平泉は、日本のアジールは、やがて国家裁判権の確立により復讐行為が禁じられてゆく過程で消滅してゆくという見通しを述べている。平泉にとってアジールは、まさに敵討と表裏の存在として捉えられていたのである。

以上、敵討についての「古典学説」とでもよぶべき、この三者の主張を一読すれば明らかなように、新渡戸は「日本人の美意識」を欧米社会に認知させようという意図のもと、穂積・平泉の場合は一九世紀の「進化論」の文脈に法の発達（および日本史の発達）を位置づけようという意図のもと、敵討に言及している。彼らの議論は、当時において見られうるかぎりの史料を博捜したうえで立論されており、その傍証の豊富さは今見ても驚くばかりである。ただ、彼らの説の危ういところは、国家による復讐の克服をやや賛美的に描きすぎているところにある。それは彼らの生きた時代からすれば仕方のないことなのだが、そのために複雑な歴史の展開過程を予定調和的、単線的な図式に押し込めてしまっている感は否めない。さらに先走って言ってしまえば、研究史上、喧嘩両成敗法という特異な法に画期的な意義があたえられるのも、これらの議論が唱えられたのとほぼ同時代のことである。復讐が公認された暗黒時代から輝かしい国家秩序の時代へ、という、この時代にもてはやされた素朴に進化主義的な議論の枠組みのなかで、研究史上、喧嘩両成敗法は十分な検証もないまま、時代を転回させた原動力とみなされ、過度なプラス評価があたえられてしまったのである。この国家による秩序形成を手放しで賛美する議論がいかに危ういものであるかは、この後、三人のうちの一人、平泉が皇国史観を唱えて極端に国家主義的な方向に傾斜してゆくことからもわかるだろう。

こうした「古典学説」に対し、むしろ戦後の日本法制史学の批判は、三人の述べた基本的な事実、すなわち日本史上において敵討が「倫理的衡平裁判所」として「公許」されていたという事実自体に向けられた。たとえば、戦中・戦後に日本法制史学の基礎を築いた石井《いしい》良助《りょうすけ》氏は、日本史上、法律のうえで本格的に敵討が公認されたのは、慶長二年（一五九七）制定の土佐国《とさのくに》（高知県）の長宗我部氏《ちょうそかべ》による「長宗我部氏掟書《ちょうそかべしおきてがき》」以後、江戸時代からのことで、それ以前は決して「復讐公許」は一般的ではなかったとして、古典学説のいう法律進化論は日本には当てはまらないと述べている[7]。たしかに事実として、西洋中世の決闘裁判のように敵討を公権力が公認し、それを公権力の裁判の一環に組み込むというような現象は、近世以前の日本ではほとんど確認できない[8]。また現存する中世の制定法を一瞥しても、敵討は近世以前は制定法のうえでは一律禁止されていたと考えざるをえない。このため、戦後長い間、研究者の間では、中世社会の敵討は違法行為として位置づけられ、積極的に顧みられることはなかったのである。

しかし、その後の研究の進展で、こうした見方は否定されており、現在では、中世社会においては必ずしも敵討が違法行為であったとはいえないことが明らかにされている[9]。以下、筆者の目にとまった具体的な室町期の事例のいくつかを見てみよう。

社会通念としては認められていた

応永二四年（一四一七）八月の朝、京都の綾小路大宮《あやのこうじおおみや》と四条大宮の間の民家の玄関わきで、法華宗の僧が二人組に斬殺されるという事件が起きている[10]。殺された僧は大宮通りを追われながら北上してきて、この町家に逃げ込んだらしい。ところが、追っ手はその町家に踏み込んで、彼を殺害してしまったのである。勝手に町家に踏み込まれ殺人事件まで起こされては、町の人々も黙ってはいられない。このときは、近隣の町人たちがすぐに飛び出してきて犯人を捕縛し、その身柄を幕府の侍所に突き出している。その後の調べによれば、犯人は二人組の主従で、僧体であった主人は「大刀」で男に斬りつけており、一緒にいた従者は周到にも弓と靫《うつぼ》（矢を入れる道具）まで用意していたらしい。彼らの証言するところによれば、彼らが殺した僧は「親敵《おやがたき》」なのだという。興味深いのは、この事件を日記に記録した中原康富《なかはらやすとみ》という一官人の感想である。それを知った彼は「しからば神妙の至りか」という感想を日記に漏らしている。つまり、殺された側が「親敵」であると聞いて、逆に殺した側を賞賛してしまっているのである。どうやら、少なくとも彼は、「親敵」を殺害することを悪いこととは考えておらず、むしろ賞賛されるべきことと考えていたようだ。

それが中原康富だけの特異な思想ではなかった証拠に、彼はそれに続けて、こうも述べている。「ただし、かくのごとき仮《か》り事《ごと》、つねにあるのあひだ、信ずるにおよばず」——ただし、こうしたウソは、よくあることなので簡単に信じてはいけない。つまり、この事件が本当に「親敵」事件だったか否かはともかく、本当は「親敵」でもないのに、自分が殺した相手を「親敵」だったと言い張って罪を逃れようとする者も、当時多くいたらしいのである。

たとえば、永享四年（一四三二）、播磨国（兵庫県南西部）の西河合荘《にしかわいのしょう》（兵庫県加西市《かさいし》）で中村佐渡《なかむらさど》入道《にゅうどう》と上月大和守《こうづきやまとのかみ》という二人の武士が、現地の郷鼻彦左衛門入道《ごうはなひこざえもんにゅうどう》という武士を殺害し年貢を横領しているとして、石清水八幡宮から幕府に訴えられている[11]。このとき、訴えられた彼らは、自分たちの殺人を正当化しようとしてさまざまな反論をしていたらしい。そのなかで彼らは、殺した郷鼻彦左衛門入道はもともと自分たちの「譜代被官人《ふだいひかんにん》」「若党《わかとう》」であるとともに、じつは「親敵」でもあったという主張をしている。けっきょく、その反論もむなしく彼らは敗訴することになるのだが、事実ではないにしても、そこで彼らが郷鼻を「親敵」であったと主張しているのは見逃せない。彼らがわざわざ被害者を「親敵」であると主張したのも、おそらく当時、社会的には「親敵」を殺害することがなんら違法なこととは考えられていなかったからに違いあるまい。彼らはそうした社会通念を利用して、みずからの殺人を正当化しようとしたのだろう。中原康富が「かくのごとき仮り事、つねにある」といったとおり、現実に殺人を正当化しようとして被害者を「親敵」だったと主張する人々は当時しばしば見られたようだ。しかも、彼らがそれを臆面もなく幕府法廷での反論として述べていることを考えると、それは室町幕府の法廷においても、堂々と通用する社会通念だった可能性が高い。

現に、康安二年（一三六二）二月、親敵討の罪状について意見を求められた、ある室町幕府の法曹官僚は、鎌倉幕府の定めた「御成敗式目」には「父祖の敵を殺害する子孫においては、その咎《とが》を懸《か》けず」と書かれていると述べて、父祖の敵討を無罪とする判断を示している[12]。ただし念のために述べておくと、本物の「御成敗式目」には、そのような条文はない。むしろ第一〇条では、まったく正反対に、子が父祖の敵討を行った場合、子も父祖も罰せられるということが規定されている。この誤りが、この答申を行った法曹官僚のたんなる勘違いによるものか、それとも御成敗式目の文面を知っていながら彼が意図的に改変したものなのか、にわかに断定はできない。だが、いずれにしても、「御成敗式目」では依然として敵討が禁じられている一方で、室町期になると幕府中枢の法曹官僚のなかにも、その規定を離れて（無視して？）敵討を正当視する者が公然と現われはじめていたのである。

過酷な「自力救済」社会ゆえの慣習

そもそも中世社会には武家法や公家法・本所法といった公権力が定める法が存在したが、その一方でそれらとは別次元で村落や地域社会や職人集団内で通用する「傍例《ほうれい》」や「先例」「世間の習《なら》い」とよばれるような法慣習がより広い裾野をもって存在していた[13]。しかも、それらの法慣習には互いに相反する内容が複数並存していることも珍しいことではなく、人々は訴訟になると、そのなかからみずからに都合のよい法理を持ち出して、自分の正当性を主張し、「～と号《ごう》する」のを常としていた（「～と号する」というのは中世人が主観的な正当性を主張しているとされるときの常套的表現）。現代の「法治国家」から見ればアナーキーというほかない実態であるが、そうした多元的な法慣習が、公権力の定める制定法よりも遥かに重視されていたのが、この時代の大きな特徴だったのである。言ってみれば、日本中世社会においては、「法」という名の異なる多様な価値がせめぎあいながら、さまざまな緊張と調和を織りなしていたのであり、公権力の制定法も、その「多様な価値」の一つに過ぎなかったのである。

親敵討を正当視する通念も、そうした当時の法慣習の一つと考えてまちがいないだろう。そして、公権力の定めた制定法がどうあれ、中世社会は人々のあいだで形成された、そうした法慣習が現実には大きな影響力をもつ社会だったのである。さきに述べた、敵討を違法行為と位置づけた戦後の法制史学の最大の誤りは、この中世社会における法慣習の意味を軽視した点にあるといえるだろう。つまり、現存する公権力の制定法がいずれも敵討を禁止しているからといって、それが必ずしも中世社会全体のなかで敵討が違法行為であるとみなされていたことの証拠にはならないのである。

たとえば、親敵討とよく似たものに、かつて勝俣鎮夫《かつまたしずお》氏が分析した「女敵討《めがたきうち》」という行為がある[14]。「女敵」（妻敵とも書く）とは妻を寝取った間男《まおとこ》のことで、「女敵討」とは、その間男を夫が復讐として殺害する行為のことである。勝俣氏の研究によれば、鎌倉幕府は「御成敗式目」第三四条などで一貫して、この女敵討を禁止している。しかし、現実には女敵討は中世社会に横行していたし、間男を本夫が殺害するという行為自体は当事者たちのあいだでは何ら違法なことという認識はなかった。むしろ当時においては、そうした法慣習を禁じようという鎌倉幕府の姿勢の方が「非常識」なもので、現実には「御成敗式目」第三四条の規定はほとんど意味をもたなかったようなのである。その証拠に、やがて女敵討は室町期以降さらに大きな広がりをみせ、ついには戦国大名の分国法のなかで、いくつかの限定をつけたうえで公認され、その位置を制定法のなかに与えられることになる。これなどは、まさに当時の公権力の「法」と社会の慣習的な「法」の力関係を示す典型的な事例といえるだろう。

また、一九八〇年代以降の日本中世史研究では、とくに民衆の自律的な活動の基礎単位としての村や町に注目が集まるようになっている。そのなかで村や町が主体になった集団的な復讐行為の存在も広く知られるようになってきた。藤木久志《ふじきひさし》氏らの成果によれば、「相論《そうろん》」とよばれた村同士のナワバリ争いのなかでは挑戦や降伏のためのさまざまな法慣習が生み出されており、暴力的ななかにも当時の社会にあっては一定の正当性が認められていたのである[15]。こうした近年の日本中世史研究の動向に照らしても、中世社会が（一定の条件のもとで）復讐を許容していたことは、まずまちがいない事実といえるだろう。

失われた名誉や財産を公権力に頼らずに自分で回復すること、これを法制史用語で「自力救済《じりききゆうさい》」という。日本中世の公権力は、この自力救済を必ずしも好ましいものと考えていたわけではなかったが、おおむねその行為を一般的慣習に従って黙認していた。南北朝時代の諺に「獄前《ごくぜん》の死人、訴えなくんば検断《けんだん》なし」というものがある[16]。たとえ牢獄の前に死体が転がっていても、それが訴訟として持ち込まれないかぎり、公権力は刑事事件として処理しない、という意味である。この諺のとおり、当時の裁判は「当事者主義」を原則としており、当事者からの訴訟の提起がないかぎり、公権力が独自の捜査を行ったり犯人の捕縛をすることはまずなかった。だから、敵から危害を加えられた者は、公的裁判に訴え出るのも、自力救済に走るのも、その選択はまったく自由だったのである。もちろん、そのさい自力救済という方法を選んだとしても、相手側が訴訟を起こさないかぎり、公権力はまったく関知しないことになる。だから、厳密にいえば古典学説のいうように復讐は「公認」されていたというよりも、むしろ「放任」されていたという方が正しいだろう。

そのために日本中世社会においては、一方では公権力の制定法で復讐が禁じられていながらも、一方で現実社会においては復讐が横行し、それが容認されるという、一見、相矛盾した現象が起きていたのである。しかも、室町・戦国期ともなると、公権力の制定法が現実社会の法慣習の側に押されて後退してゆき、しだいに既存の法慣習を制定法のなかに取り込む動きをみせるようにまでなってゆく。天下の室町幕府の法曹官僚が御成敗式目の規定を離れて敵討容認の方向へ傾いてゆくという事態も、そうした流れを象徴する出来事といえるだろう。

3　復讐としての切腹

究極の復讐法

では、そんな過酷な社会にあって、裁判を闘いぬく濃密なコネも、喧嘩を闘いぬく強い腕力もないものは、いったいどうやって敵と渡り合えばよいのだろうか。じつは、そういう人には、泣き寝入りをしないための最後にして究極の復讐方法が、中世社会には存在していたのである[17]。

天文五年（一五三六）、奥州の伊達稙宗《たねむね》（〝独眼竜〟伊達《だて》政宗《まさむね》の曾祖父）によって制定された分国法「塵芥集《じんかいしゅう》」の第三四条には、以下のような規定がある。

一、自害の事、題目《だいもく》を申し置き死に候はゞ、遺言の敵《かたき》、成敗を加ふべきなり[18]。

ここでは、自害をした者が「題目」（その自害の理由）を書き残したならば、その「遺言の敵」には「（伊達氏が自害した当人にかわって）成敗」を加える、という原則が示されている。つまり、戦国大名伊達氏の領国においては、驚くべきことに、特定の敵対者をみずからの力で討ち果たすことができない場合、その者は、その旨を「遺言」して「自害」すれば、伊達氏がかわりにその敵対者を「成敗」してくれる、というのだ。

もちろん、一口に「自害」といっても死を選ぶ理由は人それぞれであろうから、さすがに「塵芥集」もこの規定に続けて、自害した者が「意趣《いしゅ》」（遺恨）を書き残していなかったならば、それは伊達氏としては関知しない、また、場合によっては「時宜《じぎ》」（物事の情況）に応じて判断する、という付帯条件も忘れずに付け加えてはいる。が、それにしても主文に拠るかぎり、やはり伊達氏の分国では原則的に自害者の遺志は尊重され、公権力によって故人の復讐の代執行が行われていたと考えざるをえない。現代に生きる私たちからすれば奇異に見える、この伊達氏の自害者に対する手厚すぎる配慮は、いったい何に由来するのだろうか。それを考えるためにも、これ以前の室町時代の事例にすこしさかのぼってみよう。

嘉吉元年（一四四一）六月、室町殿、足利義教《あしかがよしのり》が守護大名赤松満祐《あかまつみつすけ》の京都の屋形で謀殺された。いわゆる嘉吉《かきつ》の乱《らん》である。このとき、運悪く赤松邸に居合わせた守護大名大内持世《おおうちもちよ》も、巻き添えになって瀕死の重傷を負い、自邸に逃げ帰った。その後、室町殿の不慮の死により生じた政治的な混乱のなかで京都ではさまざまなデマが飛び交い、傷の悪化により危篤状態となっていた大内についても、その不穏な「遺言」が人々のあいだで取り沙汰されている。それによれば、大内は「このたび疵《きず》により死門《しもん》に赴《おもむ》かば、残党かならず管領のもとに馳《は》せ向かい切腹すべし」と「遺言」したという[19]。これ以前、今度の事件は管領細川持之《ほそかわもちゆき》が赤松満祐と「同意」して起した謀反であるという噂も、当時、京都ではまことしやかに流れていた。そこで大内は、もし自分が死んだら、残された家中の者たちは、かならず憎き管領細川持之の屋形に駆け込んで「切腹」してやれ、と「遺言」した、というのである。ただし、この話はのちにまったくのデマだったことが判明するのだが、それにしても、ここでも主君の恨みを晴らすために被官が敵対者の屋形に押しかけ、そこで切腹するという行為が、当時の京の人々のあいだで、さもありえそうな話として囁かれていたという事実は注目に値する。「塵芥集」でいわれたとおり、室町期においても、自害は敵対者への「意趣」（遺恨）を表明する行為だったのである。

また、嘉吉四年（一四四四）正月には、公家の正親町三条《おおぎまちさんじょう》家の被官であった河北《かわきた》某という者が、主人の書庫のまえで「切腹」するという事件が起きている[20]。このとき一部には河北某は「狂乱」であったとも伝えられたが、他方では、彼は「狂乱」などではなく、主人に対してかねて「述懐《しゅつかい》の子細」（不満・遺恨）があったのだという説も伝えられている。いまとなっては彼が自害した本当の理由はわからないが、いずれであったとしても、この話からも室町期の人々が自害をどういうものと考えていたかがうかがえて興味深い。当時の人々は、主人の大切な書庫のまえで切腹するという行為は、正気の沙汰ならば、さぞかしその主人につよい不満・遺恨があってのことなのだろうと、まず最初に想像したのだろう。室町期、自害という行為は、明らかに敵対者への強烈な不満や遺恨の表明行為と認識されていたのである。「塵芥集」が配慮していたのも、自害という行為の背後にある、こうした中世人の激烈な心性だったとみるべきだろう。

そして現実に、彼らは不満や遺恨の意思表示として、ときおり自害という方法を選択したらしい。たとえば長享元年（一四八七）八月、ひとりの僧が禁裏《きんり》（皇居）の庭で「切腹」するという事件を起こしている[21]。その後の取調べによれば、この僧は禁裏領丹波国山国荘《たんばのくにやまぐにのしょう》（京都府北桑田《きたくわた》郡京北町《ぐんけいほくちょう》）に住む者で、領主である天皇への「訴訟」が不調であったために、禁裏での「切腹」という行為におよんだのだという。これも彼にしてみれば、一命を捧げることで、どうにもならない訴訟を好転させようと考えてのことだったのだろう。

このほか、応永二七年（一四二〇）九月には、密通の嫌疑をかけられた御所侍《ごしょざむらい》が申し開きをするために仙洞《せんとう》（後小松上皇《ごこまつじょうこう》）御所に推参するが、そのさい門番に遮られると、彼は「ただいま御免なくんば生涯存じ定むべし」——お許しが出ないのなら自害する、と言って、その場で自害を企てている[22]。また、永享三年（一四三一）六月、京郊の伏見荘《ふしみのしょう》（京都市伏見区）で盗人の疑いをかけられた内《うち》本兵庫《もとひょうご》という侍は、盗人の件は濡れ衣であると主張して、みずからを湯起請《ゆぎしょう》（熱湯に手を入れてなかの小石を拾い、火傷の具合で罪を決定する神判、第五章で詳述）にかけることを要求し、それで犯人であるという結果が出たならば堂々と「切腹」する、と述べている[23]。

「命」の軽さ

このように、室町の人々が、一か八かの究極の訴願にさいして、自害を試みたり、自害を口にしたりということは、史料中にも少なからず確認できる。そして当時、こうした行為が繰り返されたこと自体、すくなくとも当事者には自害が究極の訴願の形態として有効であると認識されていた可能性が高い。事実、伏見荘の内本兵庫の場合、「切腹」云々の一言で一件を湯起請に持ち込むことに成功し、みごとに無罪を勝ちとっている。しかも、彼の場合、それ以前からの地元での悪評や、この湯起請の直後に失踪し、後日、大和国で盗みを犯し処刑されている[24]ことを考えると、実際はこのときの盗犯事件も犯人であった疑いが濃い。しかし、彼の口にした「切腹」の覚悟が結果的に異論を封じ、事態を彼にとって有利な方向に導いてしまったのである。

まったくの余談だが、室町時代の人物で、おそらく日本国民に最もよくその名を知られている存在に、「一休さん」こと一休宗純《いっきゅうそうじゅん》がいる。反骨の精神を貫き多くの逸話を残した彼も、じつは生涯に二度の自害未遂を起している。一度めは応永二一年（一四一四）、二一歳のとき、師の謙翁宗為《けんのうそうい》と死別し、心の支えを失った彼は琵琶湖に入水しようとしている。しかし、このときは、おりよく（？）母親の使者が追いすがって止めている。二度めは文安四年（一四四七）、五四歳のとき、彼のいた大徳寺の派閥抗争に嫌気がさし、山に籠もって断食し「餓死」を試みている。このときは時の後花園天皇《ごはなぞのてんのう》が慰留に乗り出し、これもけっきょく思いとどまっている[25]。このように、一休の生涯を見ていると、困難に直面すると自害未遂を起して周囲の配慮を呼び起こすというのは、ほとんど常套手段となっていたことがわかる。日常的には痛烈な風刺や露悪的な言動を重ねる一方で、こうした中途半端な自害未遂を繰り返す一休という人物は、そのため、かねてから歴史研究者のあいだでは評判があまりよろしくない[26]。しかし、彼は自害をちらつかせることで、最終的にいつも周囲の人々を思いどおりに奔走させることに成功している。案外、見ようによっては、一休こそは、自害のもつ有効性を最も知り尽くした室町人だったのかもしれない。

それはともあれ、これらの事例からも、室町・戦国期においては、自害した者や自害を試みようとする者に対しては、公権力や周囲の人々も理非を超えて一定の配慮をもっていたことは明らかであろう。そして、これらの配慮を期待して、ときに人々は起死回生の一策として自害を口にしたり、現実に実行したのだと考えられる。こうした現象の背景には、おそらく、中世社会において死者のもつ霊力が信じられていたこと[27]や、中世の人々が独特の衡平感覚《こうへいかんかく》（第五章で詳述）を通念としていて、敵対者へも死者と同等の損害をあたえるべきという認識を共有していたこと[28]、が大きな意味をもっていたと考えられる。

そして、なにより室町人は現代人には考えられないほど個人の生命を軽視しており、遺恨の表明や特定の訴願のまえには、自身の生命を捨てることも厭わなかった。彼らが自害を選択する背景として最も重要な要素は、その独特の生命観にあったといえるだろう。この時代は戦乱や病気、飢饉などにより、現代社会よりもずっと「生」と「死」の間の垣根は低く、人々に「死」は身近な存在だった。ある者は死んで、ある者は生き残る——、それを分けるのは、ただ当人たちの運の良し悪しだけだった。そんな社会に生きる彼らが永続すべき「家」や「所領」や「誇り」のために一命を捨てることは、私たちが考えるほど大胆な決断ではなかったのかもしれない。そして、そうした人々の生命観は、また当時の紛争を激化させた重要な要因ともなっていたのである。

現代にまで続く心性

では、こうした中世の人々がもっていた自害に対する意識は、その後、江戸時代になってどのような変化をとげたのだろうか。民俗学の千葉《ちば》徳爾《とくじ》氏は、江戸時代の出《で》羽国《わのくに》米沢藩《よねざわはん》（山形県米沢市）に「指腹《さしばら》（差腹）」という習俗があったことを紹介している[29]。それは、みずからの切腹に使った刀を遺恨のある者に送りつけ、ひとたびその刀を受けとった者は、異議なくその刀でみずからも切腹しなければならない、という習俗だった。「これは恐るべき習慣ではないか」と、千葉氏も驚くように、一見なんとも不気味な行為ではある。しかし、ここまで本書を読みすすんだ読者には、これが「刀」にシンボリックな意味をこめている点を除けば、中世以来の習俗の延長線上にあることを理解するのに躊躇はないだろう。類似の習俗は陸奥国《むつのくに》二本松藩《にほんまつはん》（福島県二本松市）や阿波国徳島藩《あわのくにとくしまはん》（徳島県）でも見られる[30]から、中世以来の自害にこめられた意識は江戸時代以降にも米沢藩にかぎらず全国的に受け継がれていたことがうかがえる。

　もちろん米沢藩や徳島藩はいずれも一七世紀になると、敵対者と、切腹した者の遺族の両方を処罰する「喧嘩両成敗」を行うことで、こうした慣習を根絶しようという志向をみせる。しかし、かの有名な「仮名手本忠臣蔵《かなでほんちゅうしんぐら》」の、殿中《でんちゅう》で高師直《こうのもろのお》（モデルは吉良義央《きらよしなか》）に刃傷《にんじょう》を行った塩冶判官《えんやはんがん》（モデルは浅《あさ》野《の》長矩《ながのり》）の切腹の場面では、塩冶は忠臣大星由良《おおぼしゆら》ノ助《すけ》（モデルは大石良雄《おおいしよしお》）に切腹で使った短刀を託し「我が鬱憤《うっぷん》を晴らさせよ」と遺言する。そして、その遺志を守り、晴れて敵討を成就した由良ノ助は、その「筐《かたみ》の刀」でみごと師直の首をかき落とすことになる[31]。あまり知られていないが、「忠臣蔵」こそは、その実現が年を追って困難になってきているなかにあって、あえて「指腹」を実現しようとした男たちのドラマだったのである。たしかに江戸時代、「指腹」習俗は、公権力の志向もあって一八世紀までには廃《すた》れていった。しかし、民衆レベルでは、中世以来の自害に対する意識はなお強く生き続け、文学作品のなかに沈潜しながらも以後も日本人の精神史の底流をなしていったのである。

　なお、視野をすこし広くすれば、似たような慣習は世界の各地にも確認できる。たとえば、二〇世紀のメラネシアのトロブリアンド諸島では、屈辱をうけた男性が祭りの盛装をしてヤシの木に登り、その無念を人々に大声で号泣しながら伝えたのち、飛び降りて自害するという「慣習」が報告されている[32]。それによれば、彼の無念を聞いた村人たちは一斉に彼の復讐に乗り出し、争いは村と村を巻き込んで、彼の葬式のあいだじゅう、繰り返されたという。また、明・清期の中国では、紛争当事者や親族が自害することで敵対者を恐喝したり、誣告《ぶこく》する「図頼《とらい》」という習俗があったとされている[33]。それは伝統中国にあって社会的に定着した法文化で、州県レベルの裁判にもちこまれた場合でも「図頼」を行った親族が処罰されることは稀だったという。

しかし、なにも類例を海外に求めるまでもなく、現にいまの日本においても「死をもって潔白を訴える」「抗議の自殺」「憤死」といった言動が子供の世界のイジメから芸能人や学者の醜聞、政治家の汚職事件にいたるまで価値を持ち続けているという深刻な現実があることを忘れてはならない。その一方で、欧米社会ではそうした傾向は見られず、むしろ逆に係争中に一方がみずから命を絶つようなことがあれば、それは敗北を認めたのと同様にみなされるとも聞く。そして、彼我の相違から、日本人はある主張の是非を判断するとき、その主張が論理的に正しいかよりも、主張者がその主張にどれだけの思いをこめているかを基準にする傾向がある、と指摘するむきもある[34]。もとより、その背景には、一方に自死を禁じるキリスト教の規範があり、一方にはそれに類する思想がなかったことが大きな要因として考えられる。が、こと日本の場合についていえば、これまでみてきた中世以来の心性が払拭されず、その後も根強く支持され続けたという歴史的経験が決定的な意味をもったように思えてならない。もしそうだとすれば、室町社会を生きた人々の激情的な心性は、近世・近代をはさんで現代にまで、日本人の精神構造にふかい陰影を刻み込んでいたことになる。

第三章

室町社会の個と集団

1　アジールとしての屋形

殺人者の「駆け込み寺」

中世社会の紛争を激化、拡大させた要因としては、これまで述べてきたようなこの時代の人々の名誉意識や、復讐を正当とする意識だけではなく、集団主義とよばれる、彼らのもつ集団帰属意識を欠かすことはできない。本章では、そうした室町時代の諸集団の存在形態や、人々の集団帰属意識がどのようにして紛争を激化、拡大させる結果になったのか、詳しく見てゆくことにしよう。

現代のニュースでも、自国の独裁政治や不安定な政情に苦しむ人々が、他国の大使館や領事館に駆け込み、亡命を求めるという話がたまに聞かれる。現代において大使館や領事館は、その国内にあってもその国の法が適用されない治外法権の空間として国際社会に認知されている。そのため圧政や紛争に苦しむ人々は、手っ取り早い緊急避難所として、あるいは他国への脱出窓口として、大使館や領事館への命がけの駆け込みを敢行するのである。室町時代の京都にも、数多くの大名の屋形《やかた》が建ちならんでいたが、それらの性格は、ちょうど現代の大使館や領事館のそれとよく似ている。

応仁・文明の乱後の京都は、長期にわたる戦乱と、その後、毎年のように起きていた徳政一揆《とくせいいっき》（土《つち》一揆《いっき》）の掠奪によって荒廃の極みに達していた。しかも救いがたいことに、この時期の徳政一揆の首領は、多くの場合、武家被官であって、彼らは応仁・文明の乱が終結した後も京都に残留して「徳政一揆」と称して実質上の掠奪に精を出していた。そんな文明一七年（一四八五）八月、業を煮やした幕府は、ついに細川政元《ほそかわまさもと》・一色義直《いっしきよしなお》・所司代《しょしだい》（侍所《さむらいどころ》の副長官）多賀高忠《たがたかただ》の連合軍を編成して、当時、土一揆の「大将」であった三好之長《みよしゆきなが》の自宅に襲撃をかけている（ちなみに、三好之長は戦国大名三好長《みよしなが》慶《よし》の曾祖父にあたる）[1]。ところが、このとき未然にそれを察知した三好は、前夜に家を捨て、一足先に主人である阿波細川家の細川政之の屋形に逃げ込んでしまっていた。そのため幕府の軍勢はすぐさま阿波細川の屋形を包囲し、三好を即座に引き渡すことを要求することになる。

しかし、ここで三好を匿《かくま》う阿波細川家の幕府軍に対する応対は、のらりくらりとしてじつに人を食ったものであった。一説には「すでに三好は当家を立ち去っております」（『十輪院内府記《じゅうりんいんないふき》』）と返事したとも、一説には「三好は当家で責任をもって処刑します」（『蔭涼軒日録《いんりょうけんにちろく》』）といったとも伝えられている。あるいは、「徳政一揆を起しているのは三好だけではなく、細川惣領家や細川備中家の被官もいます。彼らを処刑するというのなら、こちらも三好を処刑しましょう」と言い張ったという説もある（『後法興院政家記《ごほうこういんまさいえき》』）。いずれにしても、阿波細川家は適当なことをいって幕府軍を煙に巻き、みずからの被官である三好之長をかたくなに引き渡そうとしなかったのである。けっきょく幕府軍は仕方なくその場を撤収していったが、その同じ日の晩には、もう三好が平気な顔であちこち歩き回っているのが京都の諸方で目撃されている。

彼ら武家被官のごろつき連中は、当時、このようにして自分の主家を隠れ蓑にして悪行を重ねており、そのために幕府軍といえども、彼らを容易に捕縛することはできなかった。そして、このときの一件に関しては、その後、阿波細川家の態度が幕府側から糾弾されることもなかったし、まして、その後幕府軍が阿波細川の屋形に踏み込んで力ずくで三好を捕らえようという姿勢をみせることもなかった。室町時代、京都の市政権は幕府の手に一元的に掌握されてはいたものの、大名の「イエ」は、現在の他国の大使館がそうであるように独立した法圏と考えられ、幕府もおいそれとは介入できない領域だったのである。

しかも、そうした属性は必ずしも大名の「イエ」にかぎったものでもなかった。さらに時代は下るが、享禄五年（一五三二）正月には、典薬頭《てんやくのかみ》（医薬部門の長官）を務めていた和気業家《わけなりいえ》という公家が禁裏の近所において禁裏の仕丁《じちょう》（雑用係）一人を「無礼」があったとして斬り殺すという事件がおきている[2]。殺害した側の和気業家は、直後に自分のしたことの重大さに気づいてか、そのまま現場を走り去り、公家の正親町実胤《おおぎまちさねたね》の邸宅に逃げ込んでいる。これを知った禁裏の下仕えの者たちは、被害者の同僚五人を中心に激昂し、すぐにでも正親町邸を襲撃しようと息巻いて、禁裏の周辺は騒然とした状態になっていた。見かねて広橋兼秀《ひろはしかねひで》と勧修寺尹豊《かじゅうじただとよ》の両伝奏《りょうてんそう》（天皇・幕府間の取次ぎ係[3]）が間に入って両者を和解させようとしたものの、一方の正親町家が肝心の和気業家を匿いつづけている以上、事態はどうにもならなかった。そして、ついに時の後奈良天皇《ごならてんのう》までが乗り出して、正親町実胤に「勅定《ちょくじょう》」を発し、和気業家を差し出すようにと「切々《せつせつ》」と口説いたのだが、このときも犯人を匿う正親町側は「すでに和気は当家を立ち去っている」の一点張りで、天皇の「勅定」はなんの効力も発揮しなかった。けっきょく、この日は夜になり雨が降ってきたので、問題は明日以降に持ち越されることになったのだが、その後の事件の顚末を記す史料は見当たらない。どうも正親町実胤は天皇を欺いてまでも和気業家を匿いとおし、そのまま事件はウヤムヤになってしまったらしいのである。

このように、当時「治外法権」としての特権をもっていたのは武家の屋形にかぎらず、公家の邸宅についても同じであった。しかも、こんどの場合、正親町実胤邸に逃げ込んだ和気業家は、さきの三好之長と阿波細川家の関係とちがって、決して正親町家と主従関係にあったわけではない。にもかかわらず、たまたま逃げ込んできただけの和気業家を正親町実胤はかたくなに匿いとおしてしまったのである。

頼まれた以上断われない

じつは、こうした屋形への駆け込みを屋形の主人が理由を問わず許容する心情については、すでに近世の武家屋敷について知られており、それが近世社会においては慣行化していたことも豊富な事例とともに明らかにされている[4]。そうした成果に照らせば、ここで紹介したような室町時代の事例は、そうした近世の武家社会の慣行や心情の祖型をなすものといえるだろう。ただ、近世史研究の成果によれば、近世社会において駆け込みが許容されるのは武家屋敷のみであって、室町期のように公家屋敷までもが同じ機能をもっていたわけではないようだ。また、そこで駆け込みが許容される者は、引くに引けない喧嘩を闘いぬいた名誉の戦士のみであって、室町期のように盗賊団の首領までもが匿われるというのとはわけがちがうようだ。そのため近世史研究においては、武家屋敷への駆け込み者をその屋敷の主人が許容するのは「武士道精神」に由来するものとして説明がなされているらしい。しかし、室町時代の事例はどうも「武士道精神」では説明できないことばかりである。では、なぜ彼らはそこまでして駆け込んだ者たちを保護するのだろうか。もう少し時代をのぼって事例を追ってみよう。

応永二八年（一四二一）九月には、京都で赤松氏の一族である有馬義祐《ありまよしすけ》が自身の若党によって寝所で刺殺されるという事件がおきている[5]。この若党が主人に対してどのような恨みを抱いていたのかは当時の人々にも不可解だったようだが、それほどまでに、その犯行は残忍なものだった。彼は明け方を待って忍び込んだ寝所で、まず熟睡していた主人有馬義祐を刺し殺し、ついでわずか二歳の義祐の孫をも殺害し、それを止めようとした乳母にも重傷を負わせたうえ、警護の若党二〜三人を殺害している。その後、彼は、これまでの者たちと同じように村井《むらい》某という者の家に逃げ込んで、「憑《たの》む」と一言いって、そこの主人に保護を求めた。これをうけて、これだけの凶行におよんだ人物であるにもかかわらず、この家の主人は彼をあっさりと受け入れ、自邸で匿ってやっている。

このときも、それ以前に彼と家の主人との間に特別な主従関係があったことはうかがえない。それどころか、この家の主人、村井某という人物は、守護や守護代、幕府奉公衆のなかにも名前の確認できない人物であり、さほど上級の侍だったわけでもなかったようだ。そのためか、赤松有馬家の被官たちが報復のため大挙して押し寄せてくると抗うことができず、けっきょく最終的に主人は犯人の若党を切腹させてしまっている。しかし、ここで重要なのは、ほとんど見ず知らずの家に逃げ込んだ男が口にした「憑む」の一言である。この一言のまえに、この家の主人は、小身にもかかわらず、ほとんど無条件にこの凶悪犯人を匿う決心をしてしまったのである。

同じような話は、永享五年（一四三三）閏七月、室町殿、足利義教《あしかがよしのり》と山門《さんもん》（比叡山延暦寺《ひえいざんえんりやくじ》）の対立過程にもうかがうことができる[6]。この両者の対立は、のちに「永享の山門騒動」とよばれ、最後は延暦寺の僧たちの根本中堂《こんぽんちゅうどう》での抗議の焼身自殺という事態にまでエスカレートすることになるが、その最初の契機は、同年七月に山門の大衆《だいしゅ》（一般僧侶）たちが幕府の山門担当奉行人らの罷免を求めたことなどにあった7。これに対し、幕府権威を重視する義教は強硬な姿勢を崩さず、両者のにらみ合いは続いた。そんな緊張のなかで、ある夜、比叡山で金輪院《こんりんいん》の福生坊《ふくしょうぼう》という僧が、同じ金輪院の月蔵坊《げつぞうぼう》という僧を殺害するという事件がおきている。この殺人が比叡山内部での対幕府路線の対立によるものか、それともまったく個人的な恨みによるものかは不明だが、福生坊はその夜のうちに比叡山を駆け下り、朝まで賀茂川《かもがわ》沿いの糺ノ森《ただすもり》に身を潜めたうえで、明るくなるのを待って幕府重臣の山名持豊《やまなもちとよ》（のちの宗全）の屋形へ駆け込んだ。

目下、にらみ合いの最中の山門から突然僧侶が一人駆け込んできたことに驚いた山名持豊は、すぐにこのことを管領の細川持之を通じて幕府に報告し、室町殿の判断を仰いだ。ここで義教は、以下の二つの理由を述べて福生坊を「扶持《ふち》」（保護）してやるように山名に指示している。まず、そのうちのひとつは、殺された月蔵坊が対幕府強硬派の中心人物であり、いずれは自分も処罰してやりたいと思っていたところなので、福生坊のやったことは「御本意《ごほんい》」（自分の意にかなったこと）である、ということだった。そして、より重要なもうひとつの理由は、「人のかくのごとく馳《は》せ入り、平《ひら》にとて憑み候はむ事、一向《いっこう》に追い出しがたき事か」――他人がこうして駆け込んできて、なにとぞ匿ってほしい、と「憑」まれた以上は、おいそれと屋形の外に追い出すわけにはゆくまい、というものだった。つまり、ここでは、敵対している者とはいえ、ひとたび屋形に駆け込まれて保護を「憑」まれた場合、それを無視するのは望ましいことではない、ということが、ほかならぬ室町殿の言葉として語られているのである。これまでみてきた事例で、縁もゆかりもないにもかかわらず、お尋ね者を匿ってきた屋形の主人たちも、おそらく同じ心情から彼らを匿ったのにちがいあるまい。そして、最初にあげた事例で、徳政一揆の首領を匿う阿波細川家に対して、幕府側がそれ以上踏み込むことをしなかったのも、こうした心情を義教と同様、彼ら幕府側の追っ手も共有していたからにちがいない。

イエの中には権力の手も及ばない

この二つの事例に共通するキイ・ワードは、ずばり「憑む（頼む）」である。室町時代に成立した芸能である狂言のなかでは、よく下人である太郎冠者《たろうかじゃ》や次郎冠者《じろうかじゃ》が、自分の主人のことを「たのふだ人」とか「たのふだ御方《おかた》」とよんでいる。これはまさに「憑んだ人」「頼んだ御方」の意であり、ここでは「憑んだ人」とは「主人」と同義で使われていることがわかる。中世社会においては「憑む（頼む）」という言葉は、たんに現代語のように「あてにする」「依頼する」という程度の意味ではなく、むしろ「主人と仰ぐ」「相手の支配下に属する」というような強い意味をともなっていたのである。つまり、屋形に駆け込んだ者たちは、自己の人格のすべてをその家の主人に捧げ、「相手の支配下に属する」ことを宣言したのであり、これにより主人の側はたとえ相手が初対面のものであったとしても、彼の主人として彼を「扶持」（保護）する義務が生じた、と、当時の人々は考えていたようなのである。

なお、これらの話とは逆に、中世社会においては、なにも知らずに他人の家に宿泊してしまった女性が、その日をさかいに家の主人から下人とみなされてしまい、あやうく身柄を拘束されそうになるというトラブルが実際におきている[8]。また、戦国時代に日本を訪れた宣教師は「われわれの間ではそれをおこなう権限や司法権をもっている人でなければ、人を殺すことはできない。日本では誰でも自分の家で殺すことができる」とも述べている[9]。つまり、イエの主人の支配下に入ることを宣言したものが、そのイエの保護下に置かれるのと同じように、この時代、ひとたびイエのなかに入ったものは、そのイエの主人に生殺与奪の権を握られたも同然であり、事実上の下人にされてしまうのである。残念ながら、ここで扱った事例の場合、駆け込んだ人々がその後どうなったかを示す史料は見当たらないのだが、おそらく彼らは一度その家の主人に匿ってもらった以上、その後も長くその主人と主従関係に近似した関係をもつことが要請されたと考えられる。

このように、当時のイエは、公家・武家を問わず、室町幕府という公権力すらも容易に介入することのできない排他的な小宇宙だった。もちろん、このほかに京都にある寺院や神社の「境内」も宗教的な裏づけをあたえられた聖域《アジール》であり、これまた幕府の侵犯をたやすく許すものではなかった[10]。そのため、実質上、室町時代の京都というのは、室町幕府の一元的支配に置かれながらも、なお個々の権門の独立した支配圏が星雲状に散在しているような実態をもっていた。この時期の京都を舞台にした紛争や犯罪が複雑な様相をみせるのも、ひとつには、こうした京都自体の分権的な状況に由来していたのである。

2 武装する諸身分

トラブルにはバックがものをいう

このように多様な集団がそれぞれに自律的な力をもって並存していた室町時代にあって、そこに生きる人々は、みずからの生命と生業を守るため、そのうちいずれかの集団に属しているのが常であった。それにより、彼らは不本意なトラブルに巻き込まれたときも、頼もしい支援者をえることができた。

たとえば、文明一一年（一四七九）五月、五条坊門油小路《ごじょうぼうもんあぶらのこうじ》で「妻敵討《めがたきうち》」事件がおきている[11]。きっかけは、五条烏丸《ごじょうからすま》にあった梅酒屋という酒屋の妻と甘草《かんぞう》某（一説には神沢《かんざわ》某）という男の「密会」の事実を、ふとしたことからその夫が知ってしまったことにある。第二章で述べたとおり、妻を寝取った間男を夫が殺害することは当時の社会では一般的に許容されていた。そのため、この夫は当時の慣習にしたがって、この間男を店の近所で殺害したのである。ところが、まずいことに殺された甘草という間男は、当時、京都の治安維持にあたる侍所を務めていた赤松政則《あかまつまさのり》の被官であった。そのため、赤松氏の被官で侍所の所司代（副長官）を務めていた浦上則宗《うらがみのりむね》は、治安維持任務の遂行のかたちをとりながら、配下の者たちを率いて復讐のために梅酒屋に押し寄せたのである。

よりにもよって侍所を敵にまわしてしまっては、本来なら、しがない酒屋の主人には到底勝ち目はない。しかし、じつはこの梅酒屋、ただの酒屋ではなかった。梅酒屋といえば、当時、柳酒屋に次ぐ知名度を誇る京都の大店《おおだな》だったのだが、この家の息子はその生業のかたわらで、幕府重臣で前管領でもある斯波義廉《しばよしかど》の被官板倉《いたくら》氏と主従関係をむすんでおり、板倉氏の被官でもあった。そのため、赤松の軍勢が押し寄せるということを知った主家の板倉氏は、自身の被官を救援するため、このときもすぐに梅酒屋支援に駆けつけてくれたのである。しかも、この板倉氏は、さいわいなことに幕府重臣の山名政豊《やまなまさとよ》の被官垣屋《かきや》氏や塩冶《えんや》氏などとも「親類」関係にあった。そのため、直接に梅酒屋とは縁故はないものの、今回、板倉氏との縁で、山名被官の垣屋氏や太田垣《おおたがき》氏、塩冶氏といった錚々《そうそう》たる顔ぶれまでもが梅酒屋に応援に駆けつけてくれたのである。

赤松政則
（六道珍皇寺蔵）

これにより、当初、生意気な酒屋の一軒ぐらいとたかをくくっていた赤松氏の侍所の軍勢は、想像を超える梅酒屋側の「猛勢」と、その背後に斯波・山名という幕府の重鎮がひかえていることに驚き、なにもせずに慌てて撤退してしまったという。当時、応仁・文明の乱はすでに終結していたものの、斯波義廉と山名氏が旧西軍であるのに対して赤松氏は旧東軍であり、山名氏とのあいだには播磨《はりま》・備前《びぜん》・美作《みまさか》の守護職をめぐって依然として火種を抱えていた。おそらくここで赤松軍が撤退したのも、たかが酒屋一軒への報復が応仁・文明の乱以来の大名間の対立を再燃させてしまうことを恐れたためだろう（ちなみに、この話は、この後、梅酒屋の行った妻敵討の是非をめぐって幕府法廷にもちこまれることになるが、その詳細は第五章で見てゆくことにしよう）。

このように、こんどの場合、梅酒屋の息子がたまたま板倉氏の被官になっていたことが、赤松氏の不当な復讐から店を救ったのである。もちろん町人が武家の被官になるというのは、日常的にはそれなりのリスクを背負うことにもなるだろう。しかし、この時代、町人とはいえ、いざというときのためにも強力な権勢をもっている者の配下に属することは欠かせないことだった。

もう一例をあげよう。足利義政《あしかがよしまさ》の側近として権勢を振るった伊勢貞親《いせさだちか》は、文正元年（一四六六）の文正《ぶんしょう》の政変で失脚することになるが、この失脚直後、山名持豊や朝倉孝景《あさくらたかかげ》らは京都の「所々の土倉《どそう》・酒屋《さかや》以下方々」に乱入して、ほしいままの掠奪、放火を行っている[12]。当時の記録によれば、このとき「伊勢守《いせのかみ》披官町人《ひかんちょうにん》」が大量に殺戮されたというから、このときの山名・朝倉の掠奪はたんに政変に便乗した逸脱行為ではなく、失脚した伊勢氏残党の掃討作戦の一環だったと考えるべきだろう。しかし、ここで伊勢氏の没落にともなって「所々の土倉・酒屋以下方々」が襲撃され、大量の「伊勢守披官町人」が殺害されたという事実は、逆にそれだけ当時の京都に伊勢氏の被官となっていた「土倉・酒屋」や「町人」たちが多かったことを示している。

伊勢氏は、室町幕府の政所執事を代々務め、幕府財政を預かる家であったことから、京都の商業統制にも深く携わっていた。京都の町人たちにしてみれば、そうした伊勢氏と主従関係を結んでおけばさまざまな面で便宜が図られると考えての被官化だったのだろう。事実、永享四年（一四三二）七月には、侍所が道路掃除の役目を京都の「町人」たちに課したとき、「伊勢内者《うちのもの》」であった「町人」たちだけがこれを拒んでいる[13]。幕府中枢の政治情勢を鋭く見極め、少しでも権勢のある者と主従関係を結び、便宜を得ようという志向は、この時代の町人に共通したものだったのである。

山伏の大群に館を囲まれる

しかし、この時代、個人がみずからの生命や生業を守ろうとしたとき、その方法はなにも有力大名の被官になることだけではなかった。現に京都や奈良の町人についていえば、彼らは「町《ちょう》」という共同体を生活拠点としており、他者や他集団とのトラブルに巻き込まれたときに、いっしょに闘ったり復讐を遂げてくれるのは第一に同じ「町」の住人たちであった（一六頁・三七〜八頁の事例を参照）。また、都市の外に住む人々にとっては、「村」がそれと同じ役割を果たした。そして、もちろん中世社会には「町」や「村」に組織されない多種多様な人々が存在したが、彼らに関しても、同じ身分集団内の結束は驚くほど強固なもので、そこに属していることで彼らは外敵から身を守ることができた。そのため、「武力」の行使が必ずしも武士身分だけに独占されていなかった時代、どんな身分のものであっても、彼らを不用意に怒らせることは、とりかえしのつかない事態を招く危険があった。

たとえば、宝徳二年（一四五〇）七月には、山伏《やまぶし》が報復のために集団で大名の屋形を取り囲み、逆に一国の大名を脅迫してしまうという事件がおきている[14]。

このとき、山伏に脅迫されてしまった気の毒な大名は、細川管領家の分家で和泉国下守護《しもしゅご》を務めていた細川頼久《ほそかわよりひさ》という人物である。ことの起りは、この前年（一説には前々年）、彼が一人の山伏を殺害したことにあった。なぜ彼が山伏を殺害しなければならなかったのか、史料の上からはわからない。しかし、これにより殺された山伏の仲間たちは憤慨し、当時、山伏たちの拠点のひとつであった新熊《いまくま》野社《のしゃ》（京都市東山区《ひがしやまく》）に立て籠もり和泉下細川家に抗議する一方で、全国の山伏を京都に召集し復讐をよびかけた。そして、この日、全国から続々と集結してきた無数の山伏たちは、ついに大挙して綾《あやの》小路《こうじ》万里小路《までのこうじ》にあった和泉下守護屋形を包囲してしまったのである。しかも、彼らは一方で新熊野社の神輿《みこし》を担ぎ出す準備も進めており、神輿の到着を待って、神輿とともに守護屋形へ乱入しようとまで計画していた。こうなれば、一国の大名とはいえ、細川は屋形のまわりの騒然とした状態にもはやなすすべはなかった。

ちなみに、「文山立《ふみやまだち》」という二人組みの山賊のやりとりを描いた狂言のなかで、山賊の一人は「山伏といふ物は腰にほら貝を付けていて、それを吹かば大勢友が集まる」から山伏に山賊行為をしてはならない、と語っている[15]。一人ひとりは弱くとも、強固な仲間意識で結束し、仲間の変事には「ほら貝」を合図にすぐに他の仲間が集まってくる山伏という集団は、山賊ですらも用心せねばならない存在だったのである。

ただ、同時代の人々が山伏を最も恐れたのは、その直接的な武力もさることながら、宗教者特有の、その呪術的な力にあった。源 義経《みなもとのよしつね》のエピソードをもとに室町時代に創作された物語『義経記《ぎけいき》』（巻第七）には、羽黒山《はぐろさん》の山伏に化けて奥州へ下ってゆく義経や弁慶《べんけい》の主従が描かれている[16]。そこで弁慶らは、関所の関守に対しては「いつの習いに羽黒山伏の関手《せきて》なす法やある」と関銭を踏み倒し、渡し船の船頭に対しては「いつの習いに羽黒山伏の船賃なしけるぞ」と船賃の支払いを拒み、山伏の宗教的な特権を最大限に利用して逃避行をつづけている。

そして、彼らを訝しむ関守に対しては「羽黒山伏に手かけて、主《しゅ》に禍《わざわい》かくな。その儀ならば此笈《おい》の中に羽黒の権現の御正体《みしょうだい》、観音のをはしますに、この関屋を御室殿《おむろどの》と定めて、八重の注連《しめ》を引きて、御榊《おんさかき》を振れ」——羽黒山伏に手出ししては、おまえらの主人のためにならぬぞ、この背中に担ぐ笈のなかには「御正体」（羽黒権現のご神体）である聖観音《しょうかんのん》がおわしますぞ、かくなるうえはこの関所を「御室殿」（ご神体の祭殿）として注連縄《しめなわ》をめぐらし、榊《さかき》の枝を振って結界《けっかい》にしてやる、といって恫喝《どうかつ》している。ここで弁慶たちは、当時の人々の信仰心を逆手にとって、関所に祭殿を設けて聖域化してしまうという嫌がらせを実行しようとしているのである。もちろん彼らの言動自体は『義経記』というフィクションの世界のものではあるが、現実に和泉下細川家の屋形に新熊野社の神輿を繰り入れようとしている山伏たちの行動も、これと同一の発想といえよう。

　そして、さらにべつの場所で嫌疑をかけられた義経一行は、ここでも弁慶の機転で窮地を脱することができるのだが、そのとき弁慶は羽黒山の「御正体」を穢《けが》した償いとして、逆に相手に「御幣紙《ごへいかみ》の料に檀紙《だんし》一〇〇帖《じょう》、白米三石三斗、黒米三石三斗、白布一〇〇反、紺の布一〇〇反、鷲の羽一〇〇尻、黄金五〇両、毛揃《そろ》へたる馬七疋、粗薦《あらこも》一〇〇枚」という法外な代償を要求している。しかも、これを支払わなければ「御正体」をその場に振り捨てて、あらためてもっと大勢の羽黒山の山伏を引き連れて「御迎《おむか》ひ」に参る、といっているのだから、ほとんど恐喝に近い。

　実際、屋形を二重三重に取り囲まれて震えあがった細川は、その翌日、当時「解死人《げしにん》」と呼ばれた謝罪の意を示す使者（第五章で詳述）を二人、山伏のもとに派遣し、「科貸料足《かたいりょうそく》」（賠償金）一二〇貫文と「田地」一六町という非常に高価な代償を山伏に寄進するとともに、「神馬」などを送って、とにかく平謝りの姿勢で山伏に許しを乞うている。なお、ここでとくに広大な「田地」が山伏に寄進され

山伏（上）と盲目の琵琶法師（下）
（『上杉本洛中洛外図』）
（米沢市上杉博物館蔵）

ている背景としては、鎌倉末～南北朝期の「墓所《ぼしょ》の法理」に基づいている可能性が考えられる[17]。「墓所の法理」とは、鎌倉末～南北朝期にみられた、殺人被害者の属した宗教集団が犯行現場ないし加害者の権益地である広大な土地を被害者の「墓所」として加害者側に請求するという宗教的慣行であり、ここで「田地」一六町がでてくるのはこの慣行を基礎にしたものと考えることができる。ともあれ、ここで山伏たちは自分たちの宗教的な権威と集団的な示威行動によって、『義経記』の弁慶さながらに、多額の賠償を大名から奪い取ることに成功したのである。こんな手荒な者たちを本気で怒らせてしまった和泉下細川家は、やはり不用意であったとしかいいようがない。これにより溜飲を下げた山伏は屋形の囲みを解いて、三々五々それぞれの国に帰っていったという。

盲人の大群に呪詛される

もう一例、興味深い事例を紹介しよう。時期は下って、文明一二年（一四八〇）二月には、大和国で一国中の「盲目《もうもく》」（盲人）総勢三〇〇〇人が蜂起するという事件が起きている[18]。

このときも原因は、奈良の般若寺《はんにやじ》のあたりの国人平野《ひらの》氏と筒井《つつい》氏の被官が一人の盲人を打ち殺したということにあった。これに対して、大和の国中の盲人三〇〇人が二人の国人のもとへ続々と集まり、抗議活動を展開したのである。一人ひとりの盲人は昔も今も社会的な弱者であることには変わりはないのだが、それをいいことに彼らを虐殺するような国人の行為を彼らは決して許さなかった。とはいえ、彼らは武器を手に闘えるわけではないから、このとき彼らは「筒《つつ》」を吹き、平野氏と筒井氏を「呪詛《じゆそ》」する言葉を唱えながら行進してきたという（このときの「筒」は近世・近代の按摩笛《あんまぶえ》の祖型かもしれない）。彼ら盲人たちも、中世社会においては平家琵琶《へいけびわ》を奏でるなどして霊界と交信することのできる職能民と考えられていた。そのため、彼らの口にする「呪詛」の言葉は、中世社会においては十分に恐怖の対象であったと想像される。

ところが、この盲人集団に対して、信じがたいことに二人の国人たちは足軽を送り出し攻撃を加えており、盲人側はなすすべもないまま多数の重軽傷者が生じてしまっている。この頃は、応仁・文明の乱も終わって、社会全体から中世以来の呪術的なものに対する畏敬の念が急速に薄れはじめていった時期でもあった。このときの国人たちの暴挙もそうした時代の風潮となんらかの関係はあるだろう。しかし、このことを日記に書いた興福寺大乗院の尋尊《じんそん》は、「かの方のため不吉の事なり」と記して、二人の国人に「不吉」なことが起るにちがいないと述べている。尋尊にいわせれば、先年も国人福住《ふくずみ》氏が盲人に対して同じようなこと

尋尊
（興福寺蔵）

をしでかしたが、「不思議々々々」、その後まもなくして福住氏は急死してしまったのだという。ここから、なお社会のなかには依然として、盲人たちのもつ底知れぬ呪力に対する畏敬の念は消えていなかったことがうかがえる。

なお蛇足ながら、ここで強烈な復讐心を私たちに見せつけた山伏と盲人（座頭《ざとう》）が、ともに江戸時代以降、狂言のなかで嘲笑の対象とされることは、おそらく偶然ではない。中世社会においてその強固な結束と呪術的な権威を誇り、大名までをも震えあがらせた彼らは、中世の終焉とともに、その呪術に対する畏敬の念が社会全体から薄れてゆくことで、一転して嘲りの対象、あるいは憎悪の対象にまで、その性格を変化させていったのである。

ともあれ、中世社会を生きる諸身分集団は、直接の武力や職能に基づく呪術的な力をもとにみずからを防衛していた。彼らが属した集団は、ひとたび個々の構成員の身に危害がおよんだとき、その危害をみずからが受けたものと同等のものと考え、構成員を支援したり、ときには報復に乗り出すことも惜しまなかったのである。しかし、一方でこうした意識が同時代の紛争を激化、拡大させたもうひとつの原因となっていたことも、また否定しがたい事実であった。

3　復讐の輪廻

ほんの些細なきっかけで

応永二六年（一四一九）六月、京都の本結屋《もとゆい》（髪を結うヒモを販売する商人）と注文した本結を受け取りにきた下女とのあいだの些細《ささい》な諍いが、めぐりめぐって、最後には「合戦」とよばれるまでの大市街戦に発展してしまっている[19]。

この日、主人の命令で本結屋を訪ねた下女は、注文品がまだできていないことに苛立ち、さんざん本結屋をなじった挙句、彼に対して「悪口《あっこう》」を吐いた。このときの下女の「悪口」の内容は伝わっていないが、あるいはよほど本結屋のプライドを傷つけるものだったのだろうか。この時代の人々が遊女や稚児といった身分の低い者から笑われるのを最も屈辱と感じていたのは、第一章で見たとおりである。本結屋は、怒りにまかせて下女を「打擲《ちょうちゃく》」（殴打）のうえ「蹂躙《じゅうりん》」（踏みにじる）し、それでも怒りが収まらなかったのか、ついには下女の髪をばっさり切り落としてしまった。中世社会はさまざまな物や行為に深い象徴性《シンボリズム》がこめられていた社会である。とくに女性の「髪」は「女」を象徴する部位と認識されており、当時、その髪を「切り落とす」という行為は、直接的な「打擲」「蹂躙」以上に、彼女の女性性を否定する強烈に屈辱的な意味をもっていた。

耐えがたい屈辱をうけた下女は、切られた髪を振り乱し、すぐさま主人のもとに走り帰って、事の次第を訴えた。これを聞いて当然ながら主人は憤激し、彼自身が公家の転法輪三条公光《てんぽうりんさんじょうきんみつ》の青侍《あおざむらい》（公家に仕える六位の侍）だったため、すぐに主家に走って事件を注進し、本結屋への報復に支援を求めようとする。しかし、一方の本結屋は本結屋で、日頃は本結を商売しながらも、さきの梅酒屋と同様、じつは幕府近習である関口氏と主従関係を結び、関口家の若党になっていた。そのため、こうなるこ

京の印地打ち（石合戦）（『上杉本洛中洛外図』）
（米沢市上杉博物館蔵）

とを予期した彼は、さきに手を回して関口家の同輩を集め、下女の主人が三条家に駆けつけるのを一条室町《いちじょうむろまち》あたりで待ち伏せしていたのである。そして、走りかかった下女の主人に対して、彼らは理由もいわず、いきなり矢を射かけた。人数のうえでも装備のうえでも情勢は明らかに下女の主人の方が不利だったのだが、事ここにいたっては下女の主人も覚悟を決め太刀を抜き、たった一人で本結屋の集団に斬りかかっていった。幕府直属の若党と公家の青侍の決闘と聞くと、なにか公家の青侍の方が弱そうだが、現実はかならずしもそうではない。下女の主人は孤軍奮闘し、相手二〜三人を切り倒したすえ、ついに憎き敵、本結屋と差しちがえて落命した。

こうして当事者である本結屋も下女の主人もともに死んだ以上、もはやこの時点で事件の決着はついたといえる。しかし、彼の非業《ひごう》の死を聞いた三条家に仕える傍輩《ほうばい》（同僚）たちの怒りは容易に収まるものではなかった。彼らはすぐに決闘の現場に駆けつけ、関口氏配下の集団に復讐戦を挑んだ。この時代、公家の配下にある侍といえども、その気性や腕力は武家の被官たちとなんら変わらず、ときには武家のそれを上回るものがあったことが、ここからもわかるだろう。やがて関口氏配下の被官たちも大挙して、ついに両者は一条室町の大路を舞台に「合戦」とよばれるような大市街戦を展開することになる。もはや事態は自己運動をはじめ、当初の本結屋と下女のあいだの個人的な諍いとはべつの次元、すなわち三条家の被官集団と関口氏の被官集団とのあいだの面子《メンツ》をかけた死闘に転化してしまったのである。

京都の路上で突如として巻き起こった「合戦」は多数の死者と重軽傷者を生み、けっきょくは数のうえで三条側を上回っていた関口側の勝利に終わった。しかし、関口側はなお飽き足らず、「合戦」に勝利した勢いをかって、さらに三条氏の邸宅に襲撃をかけようとまでした。すると、さすがにこれを見かねた足利一門中の屈指の名門、吉良俊氏《きらとしうじ》が三条家の「合力《ごうりょく》」（援助）に乗り出し、邸宅の警護を買ってでる。ここで吉良俊氏が制止に乗り出してきた理由は、彼の邸宅が「合戦」の舞台である「一条南室町西」にあったため[20]、ひとつには見てみぬふりができなかったという事情もあろう。しかし、それよりも一方の当事者である関口氏は足利一門である今川《いまがわ》氏の庶家であった（のちに戦国時代になると関口氏は今川氏の重臣となる。ちなみに、徳川家康の正室築山殿《つきやまどの》はこの一族の出身）。そのため、関口氏・今川氏の本家筋にあたる吉良氏としては一門を代表して関口氏の暴走を止める責任を感じていたのではないだろうか。これにはさすがの関口氏の被官たちも刃向かうことはできず、ここでようやく三条家襲撃を思いとどまることになり、事態はやっと沈静化する。のちにこれを聞いた室町殿、足利義持《あしかがよしもち》は関口氏当主を譴責《けんせき》し、逆に三条家側の自重と奮戦を賞賛したと伝えられている。

以上のように、はじまりはほんの些細な店と客のトラブルだったものが、双方の属する集団が支援に乗り出すことで、室町殿の耳にまで届く大市街戦に発展してしまったのである。中世社会は、紛争や戦乱を生き抜くために親族関係や主従関係、同輩関係など、人間と人間を結ぶさまざまな関係が複雑な網の目のように張りめぐらされていた社会であった。こんどの事件の場合、最後に吉良氏が制止に乗り出したのも足利一族としての縁故によるものであり、そうした人間関係が紛争の拡大を抑止する役割を担った事実も無視できない。しかし、一方で紛争を拡大させてしまった原因もまた、この時代の人々の主従や同輩のあいだの強い絆だったのである。これにより些細な軋轢がすぐに大規模な殺戮に発展してしまうという、まさにこの点に、この時代の紛争の厄介さがあったといえる。

同じ都市の住人だというだけで

それどころか、当時は直接に紛争当事者と面識のない者であっても、紛争の被害者になりうる危険すら存在した。永享二年（一四三〇）二月には、旅館の宿泊拒否をめぐる一つのトラブルが、あやうく京都に住むすべての奈良出身者に危害がおよぶ事態になりかけている[21]。

ある日、奈良の転害大路《てがいおおじ》あたりの藤丸という旅館に、幕府重臣である畠山満家《はたけやまみついえ》の被官、斎藤《さいとう》某と榎《えの》本《もと》某が宿泊に訪れた。彼らはこの旅館の常連だったようだが、残念ながら旅館の主人の話によれば、この日にかぎって宿には伊勢《いせ》詣《もうで》の旅人の団体予約が入っているとのことだった。二人は仕方なく主人の言葉に従って烏帽子《えぼし》屋《や》という別の旅館に宿をとることになった。この時代、庶民の参詣旅行は盛んになっていたが、それにともない旅館の予約というシステムまで開発されるようになっていたのである[22]。ところが、その日、団体予約のはずの参詣人たちは約束の時間になっても一向に藤丸旅館には姿を現わさなかった。これを知った斎藤・榎本の両人は、さては旅館の主人が自分たちを泊まらせないためにウソをいったにちがいない、と思い込んでしまったらしい。二人は太刀を抜いて藤丸旅館に乱入し、ちょうど外出中だった主人の代わりに挨拶に出た下女一人を斬殺してしまう。これにより、この無法を知った転害大路の近隣住人たちは、すぐさま二人の宿である烏帽子屋に襲撃をかけ、殺人犯の一人である榎本某を処刑してしまった。

しかし、悪いのは榎本らであるとはいえ、彼らの主人であった畠山満家にとってみれば、自分の被官を勝手に一般庶民の手で処刑されたのだから面白くない。畠山は幕府に働きかけて、大和国を支配する興福寺《こうふくじ》に対して、藤丸旅館の主人の身柄の引き渡しと、罰として藤丸旅館を焼却することを要求した。かくして、これを受けるか否か、興福寺の「学侶《がくりょ》」とよばれる執行部では議論が交わされることとなった。興福寺としては、殺された榎本某はそもそも「自業自得」であり、今後のためにも藤丸旅館を処罰すべきではない、という意見が当初の基本線だったようだ。しかし、最終的には「しかるに畠山、鬱結《うっけつ》をさしはさみ、さだめて非分《ひぶん》の輩《ともがら》をもって南都人《なんとじん》たらば京都において散鬱《さんうつ》すべきか。しからばかえって然《しか》るべからず」という意見が通って、幕府からの要求を呑むことになってしまった。

ここで興福寺の僧たちがなにより危惧していたのは、藤丸旅館に対する処罰を行わないことで畠山満家の恨みを買うことになれば、きっと畠山は配下の連中に指示を出して、京都にいる「南都人」（奈良出身者）だれかれ構わずに復讐するにちがいない、という点だった。いやはや、家来が家来なら、主人も主人というべきか。直接の当事者に復讐がかなわないならば、手近にいる無関係の同国人に対して復讐を行うとは、現代の感覚からすればこれ以上の無法はない。畠山満家は前管領という立場にあり幕府の重鎮であったが、その機嫌を損ねれば、そうしたことをしかねない者だ、と興福寺に認識されていたのである。

しかしこの時代、べつに畠山満家やその被官が特別に凶暴であったり無法であったわけではない。むしろ、満家は当時の幕府内政治においてはいちばんの穏健派で、なにかというと「無為《ぶい》の儀」（穏便な措置）を求めて、専制を志向する足利義教にうっとうしがられているほどである[23]。こんどの一件も畠山満家個人の資質というよりも、室町時代人に共通した思考様式と考えるべきだろう。「南都」に住む人々は、そこで生存と生業が保障されるかわりに、ひとたび他集団と「南都」のあいだで紛争がもちあがったときには「南都人」であるという理由だけでもって、その身に危害がおよぶ可能性がつねに存在していたのである。

同じことは奈良以外の「村」や「町」についてもいえる。正長二年（一四二九）四月には、京都の朱雀村で喧嘩があり、管領細川持之の被官が西七条村の村人たちに殺害されるという事件がおきている[24]。これを知った細川持之は、すぐさま西七条村に軍勢を派遣して、事件に関わっているか否かを問わず何軒かの家を焼き打ちし、何人かの土地の人々を殺害したという。また、文安元年（一四四四）一二月には、細川勝元が、やはり殺された被官の復讐のため、京都の錦小路《にしきこうじ》を襲撃し、町中に手当たり次第、放火している[25]。無関係の住人たちにはとんでもない災難ではあるが、当時、同じ村や町に住む以上、彼らは運命共同体であると考えられており、そこに住んでいるというだけで十分に襲撃される理由となったのである[26]。

個人より集団のアイデンティティーが強いがゆえの「弊害」

もちろん、それは同国人・同町人・同村人といった地縁的な関係に限定されるものではない。武家に関していえば、同じ一族である、あるいは同じ主家に仕えている、というだけで、これもまた十分な復讐の標的になりえた。文明四年（一四七二）一二月に大和国でおきた奇怪な復讐劇を見てみよう[27]。

この事件のそもそものきっかけは、古市氏と宝来氏《ほうらい》という国人の被官同士の些細な喧嘩にあった。ただ、さいわいにもこの喧嘩は、その場で誰かが仲裁に入ったのか、当座は「両方引分」となり、その後も両者のわだかまりは難なく解消されるかにみえた。ところが、後日、この喧嘩で宝来氏の被官は無傷であったのに古市氏の被官の側だけが疵をこうむっていたという事実が、一方の古市氏の被官たちの耳に入ってしまう。そのため、これでは「両者引分」ではなくて、宝来側の「過手《すぎて》」（過剰攻撃）ではないか、と古市氏の被官たちは再び怒りを燃え上がらせてしまった。しかし、このとき彼らが復讐の標的にしたのは、喧嘩をした宝来氏の被官当人ではなく、こともあろうに、彼の七〇歳にはなろうかという老父であった。気の毒にも無関係のその老父は息子のしでかした喧嘩の恨みを買って、中市という市場で、古市の被官たちによって殺害されてしまったのである。

しかし、こうなれば当然、父親を殺された宝来氏の被官も黙ってはいない。こっちは怪我を負わせただけなのに、こちら側の人間を殺害するとは、古市側こそ「過手」ではないか、と、こんどは宝来被官たちが報復に乗り出す。ところが、ここでも彼らが報復の標的にしたのは、直接に父親を殺した人物ではなく、これまたまったく無関係の奈良の転害郷《てがいごう》の町人で、古市被官である者だった。彼らは、この事件とは直接無関係の町人を拉致して、わざわざ殺された父親の住んでいた法華寺《ほっけじ》あたりまで連行したすえ、父親の仕返しとして処刑してしまったのである。

無関係者を巻き込んで果てしなく繰り返される復讐の連鎖。これこそまさに、血で血を洗う復讐劇といえようか。この事件を日記に書きとめた興福寺大乗院《だいじょういん》の尋尊の感想を聞こう。「けっきょく殺された老父と転害郷の住人は、自分のまったく知らないことに巻き込まれて殺されてしまったことになる。しかも最初の原因をつくった張本人二人はいまも無事でいる。なんという因果なめぐりあわせだろう。不憫、不憫」。しかし、尋尊の慨嘆にもかかわらず、室町時代の社会では、このような無意味で理不尽な死がそこかしこで繰り返されていたのである。

現代の私たちの生きる社会では、それが良いことか悪いことかはべつにして、さまざまな場面で「個人」が尊重され、「集団」に対する帰属意識が薄れていっている。いまやかつてのような「村」や「町」という共同体はほとんど見られなくなっているし、「家」すらも今後いまと同じようなかたちで存続するという保証はどこにもない。かつては日本経済の美徳（?）とされた「企業」への滅私奉公意識も若者を中心に急速に薄らいでいる。そうした現代人の目には、こうした室町社会のありようはきわめて奇異なものに映るかもしれない。しかし、この時代は「個人」がその生命や財産を守ろうとしたとき、なんらかの（ときには複数の）「集団」に属することは必須のことだった。そして、その代償として人々は紛争の無意味な継続や拡大に悩まされることにもなった。そのため、この状況にどうにかして歯止めをかけることが、当時、社会全体から切実に求められていたのである。

では、公権力たる室町幕府は、こうした社会に対して、どのような態度で臨んだのだろうか。次章では、復讐の連鎖する自力救済社会に対して、室町幕府のとった姿勢を確認してみることにしよう。

第四章

室町のオキテ

——失脚者の末路をめぐる法慣習

1　公認された「落武者狩り」

恐怖の「掠奪刑」

さきに第二章で敵討の「古典学説」論者の一人として、穂積陳重という人物を紹介した。彼は明治・大正期の法学界の重鎮として枢密院《すうみついん》議長まで務めた人物であるが、その業績は敵討にかぎらず、実名忌避習俗や隠居制度など、日本固有の法慣習を法人類学的な見地から考察したユニークなものが多く、特異な対象を古今東西の広い知見から読み解いた魅力的な研究の数々は、いま読んでも十分に刺激的な論点を豊富に含んでいる。

なかでも、彼が晩年になって著した『法窓夜話《ほうそうやわ》』（一九一六年刊行）という法の歴史に関する随筆集は、公務のかたわら「法律史上の逸話、珍談、古代法の奇妙な規則、慣習、法律家の逸事」といった一〇〇の小話を一般読者向けに軽妙な文章で書き綴《つづ》ったもので、法学者としての長年の見識と博覧強記に裏づけられた珠玉の名作である。本書の読者のなかでこの話に興味のある方は、現在『法窓夜話』（正・続、全二巻）は岩波文庫で簡単に読むことが出来るので、是非とも一読されることをおすすめしたい。

さて、その本のなかの一話に「掠奪刑」（第八二話）というタイトルの小品がある。

その話のなかで穂積は、フィジー島やニュージーランドに実際に存在したという、「Muru」とよばれる「掠奪刑」を紹介している。それによれば、それらの島々ではタブー（禁忌）を犯した者が出た場合、「その刑罰として、隣人がその犯人の財産をば何なりとも奪い去ることを許している」という。そのため、「タブーに触れる者があるときは、近隣の者共は寄集《よりあつま》って刑の宣告を待ち、いよいよ裁判の言渡があって、有罪を決すると、我れ勝ちにその罪人の家に駆けつけて、手当り次第に家財や家畜などを奪い去る」のだという。

それにしても、近隣住人が「我れ勝ち」に犯罪者の家に駆けつけて、「手当り次第に」財産を掠奪するとは、想像するだに壮絶な刑罰である。しかし、この話の紹介だけなら本書はたんなる「珍談奇話」で終わってしまう。穂積の鋭いところは、続けて、この刑罰を罪人を「法外人《ほうがいじん》（outlaw）」とする観念から出たものであると定義しているところだろう。つまり穂積に言わせれば、罪を犯した者は、それにより法による保護の外に置かれ、事実上、財産権剝奪状態にされるのだという。それゆえに、法の庇護を失った者（＝「法外人」）の財産を何者が剝奪しようとも罪に問われることはない、というわけである。

これは穂積ひとりの勝手な独断ではなく、同じような事実は、時代と地域は異なるが中世ヨーロッパにおいても知られている。ヨーロッパ中世史研究で、アハト刑とよばれている刑罰がそれである。

アハト刑とは、神殿の掠奪、屍体の掠奪、加害呪術、密殺と屍体隠匿、夜盗、放火、強姦など、重罪を犯した者に宣告される刑罰である。ひとたび、このアハト刑の宣告を受けた者は「平和喪失者」あるいは「森の浮浪者」あるいは「人間狼《にんげんおおかみ》」とよばれ、家族や氏族との関係を一切絶たれてしまうことになる。そのため、アハト刑を宣告された者は、誰でも彼を殺害してもかまわなかったし、その死体は埋葬されることもなく、鳥の餌食にゆだねられたのだという[1]。なんの救いもない彼らの境遇は、当時「フォーゲル・フライ（鳥の自由）」ともよばれた。これこそまさに穂積の言う「法外人（outlaw）」であろう。自力救済の社会にあって、私的な暴力の行使から個人を守るのが「法」の役目のひとつであったとすれば、これらの刑罰は、犯罪者から「法」の保護を剝奪して、自力救済社会のただ中に放り込み、彼に対する私的暴力を認可することで、実質的な刑罰を実現させるというものだったのである。

しかし、こんな刑罰は現代に生きる私たちから見ればあまりに野蛮で、とてもではないが、理解を超えた発想である。そもそも個々人の自力救済を抑止して「法」による平和を実現するのが「国家」のあるべき姿だとすれば、相手によって部分的に自力救済を認可するという、こうした刑罰はともすれば「法」や「国家」の自己否定につながる危険性をもちかねない。そのため、穂積自身も、そして現代の法制史研究の通説でも、これらは近代的な法治国家が形成される以前の過渡的段階に見られる現象として理解されているようだ。

さて、本章では、これまで見てきた日本中世の過酷な自力救済社会に対して、当時の支配権力である室町幕府がどのような姿勢で臨んだのか、ということを考えてみたい。そのさい、時代や地域は大きく異なるが、ここで「平和喪失」や「法喪失」とよばれたような、近代法治国家の形成途上に共通して見られる現象と照らし合わせることで、より室町幕府の本質が理解できる部分があるように思う。以下では、そのことを念頭におきながら、民衆による落武者狩りや、政変時に起きた都市民衆の掠奪、室町幕府の行った流罪などの実態から、失脚者の末路をめぐる法慣習を究明することで、最終的には室町幕府の歴史的位置について考えてみたいと思う。

敗者を襲う恐怖

戦国時代、ひとたび合戦に敗れた武将には、しばしば民衆による「落武者狩り」の恐怖が待っていた。

このこと自体はさほど珍しい話ではなく、戦国物の時代劇などによって、一般にもよく知られているところだろう。黒澤明《くろさわあきら》監督『七人の侍』や溝口健二《みぞぐちけんじ》監督『雨月物語《うげつものがたり》』、吉川英治《よしかわえいじ》『宮本武蔵《みやもとむさし》』など、戦国時代の民衆を多少なりとも扱った映画や小説には、必ずといってよいほど落武者狩りのエピソードが重要なディテールとして描きこまれている。しかも、それらの多くは主人公たちを煩わす恐ろしい障害であったり、人々の醜い欲望をあらわす卑劣な行為であったりと、そこにはかならず「負」のイメージがつきまとう。たしかに、窮地に陥ったのをよいことに彼らを捕まえたり殺したりして金目のものを奪うという落武者狩りは、それだけを見れば、卑劣で違法な行為といえるだろう。しかし、当時を生きた彼ら自身の認識としては、はたしてそうだったのだろうか。ここでは、まず最初に当時の落武者狩りの実態から確認してみることにしよう[2]。

ドラマや小説の世界を離れて現実の室町・戦国時代の古記録をめくっていると、たしかに落武者狩りに類する記事に出くわすのは、そんなに珍しいことではない。有名なところでは、応仁・文明の乱で東軍に担がれた将軍後継候補の足利義視《あしかがよしみ》も落武者狩りの恐怖を味わった一人である[3]。

大乱の最中、いちどは伊勢国（三重県）に逃げ落ちていた義視は、応仁二年（一四六八）九月、騎馬五〇〇騎・歩兵一万数千人という大軍勢を率いて、再度の上洛戦を敢行している。しかし、この途中、近江国石山《おうみのくにいしやま》（滋賀県大津市《おおつし》）にさしかかった彼の軍勢は、なぜかわざわざ近所の田上荘《たなかみのしょう》という荘園に対して執拗な焼き討ちを加えているのである。この事実を日記に記録した東福寺《とうふくじ》の太極蔵主《たいぎょくぞうす》によれば、その理由は、この前年、義視が京都から没落し伊勢国へ逃れる途中、この荘園の人々によって落武者狩りをかけられたためだという。そのとき、田上荘の荘民たちは、義視の一党が「城潰《つぶ》れ敗北すと以為《おも》い」、つまり彼が陣営を破られ敗走してきたものと思い、その行先を塞ぎ、義視を「困厄《こんやく》」（苦しみ悩むことの意）させたのだという。さいわい、このときは義視が泣く泣く身につけていた「刀剣」を荘民に与えることで生命を助けられ、窮地を脱することができたのだった。しかし、義視はこのときの屈辱を忘れることはなかった。そのため、態勢を立て直し再上洛のおりには報復のため真っ先にこの荘園を焼き討ちにしたのである。

しかし、義視のように報復ができればいいほうで、政治的に復活することのできない多くの武将たちは、弱り目に祟り目、濡れ落ち葉のようになって歴史の表舞台から去らねばならなかった。たとえば、室町幕府「最後の将軍」足利義昭《あしかがよしあき》が織田信長《おだのぶなが》から京都を追放され室町幕府が滅びたということは、どの歴史教科書にも載っている話である。しかし、その後の彼にさらなる悲劇が襲いかかっていたという事実はあまり知られていない。吉田社《よしだしや》神主の吉田兼見《よしだかねみ》の日記には、義昭のその後は「路次中《ろしちゆう》、一揆に出合い、御物《ごもつ》以下落し取ると云々」と書かれており、追放されてすぐに「一揆」による襲撃を受けて、所持品を奪われてしまったということがわかる[4]。また、信長についての最も信頼できる伝記である『信長公記《しんちようこうき》』には、その没落の様子が「貧報公方《びんぼうくぼう》と上下指をさし嘲弄をなし、御自滅と申しながら、哀れなる有様《ありさま》、目も当てられず」――人々から「貧報公方（貧乏公方）」と後ろ指をさされ、まったく気の毒で目も当てられないありさまだったと、さらに容赦のない筆致で描写されている[5]。

このように室町幕府の将軍候補者や将軍経験者までが落武者狩りに遭うというのだから、それ以外の雑多な人々が戦争で敗れた場合、彼らに対する襲撃はより熾烈をきわめた。医師丹波《たんば》保長《やすなが》の書いた日記『盲聾記《もうろうき》』には、永正一七年（一五二〇）二月、摂津《せっつ》攻めに失敗した細川高国《ほそかわたかくに》の軍勢が京都まで敗走してきたとき、京都近郊の西岡《にしのおか》に住む人々のほかに「世間ノ一機共（一揆共）」とよばれる集団が「落ル者共ヲ無理ニ殺シ、或《あるい》ハ具足《ぐそく》ヲ刷（剝）グ也」と、敗残者を無理やりに殺害し、「具足」（鎧）の剝ぎ取りまで行っていたという事実が記されている[6]。

足利義昭
（等持院蔵）

また、嘉吉元年（一四四一）七月、室町殿、足利義教の横死《おうし》により後ろ盾を失った畠山持永《はたけやまもちなが》は、京都を捨てて、分国の越中国《えっちゅうのくに》（富山県）まで逃げてゆくことになるが、このとき彼の軍勢は京都を脱してすぐに「近江国辺において悪党等」によって襲撃をうけ、やはりここでも「具足」をも剝ぎ取られてしまっている。しかも、その後、彼らは途中の「関々」でも次々と落武者狩りをうけており、これを聞いた世間の人々も「無為の下着《げちゃく》、すこぶる測《はか》りがたき事なりと云々」と、とうてい分国である越中国までは無事にたどり着けないだろうと気の毒がっていたという[7]。実際、人々の想像したとおり、畠山持永は越中国までたどり着けず、この敗走中の度重なる落武者狩りの嵐のなかで、ついに命を落としてしまったらしい。

公然の行為

ただ、こうして見てゆくと、読者には落武者狩りというものを、敗残者をつけ狙って人里離れたところで闇討ちにする、ずいぶん陰湿な行為であるかのように思われるかもしれない。しかし、それは必ずしも正確なイメージではない。実際、落武者狩りは、白昼堂々、人目につく場所でも平気で行われている。たとえば、永正六年（一五〇九）正月、京都の街中で、細川高国の被官と大内義興《おおうちよしおき》の被官とのあいだの「地子相論《じしそうろん》」（徴税をめぐる争い）がおきたときは、無関係の「見物衆」が敗れた大内方の者たちに対して、逃げる道々を追いかけまわし、身ぐるみを剝いで丸裸にしたうえで、ついに彼らを打ち殺してしまっている[8]。こうした過激な行動の根底には、町の治安を乱す被官たちへの不満があったにちがいないが、それにしても彼らはあくまで「見物衆」であり、決して直接的に彼らが「地子相論」の当事者であったわけではない。にもかかわらず、彼らはしばしば平気でこうした落武者狩りを行ってしまうのである。

このほか、寛正六年（一四六五）正月には、比叡山延暦寺の僧たちがかねて対立していた京都東山の大谷本願寺《おおたにほんがんじ》の破却に乗り出したことをうけて、近江国堅田《かたた》（滋賀県大津市）の一向宗門徒たちは、すぐさま「腹巻武者《はらまきむしゃ》八〇人以上、ソノ勢二〇〇余人」という軍勢を仕立てて、本願寺の救援に駆けつけている。しかし、これを見た無関係の京都の一般「町人」たちは、なんと戦場に「ゲジゲジ合わせ」というゲジゲジのように隊列を組んだ様子で揃って現われて、この宗教戦争を尻目に、「見事《みごと》ノ佩物《はきもの》ナリ（見事な太刀だ）」などと言っては、隙あらば彼らの高価な太刀を奪い取ろうという魂胆まるだしだったという[9]。

このように、なにも落武者狩りは人里離れた山村で隠微に行われていたわけではなく、場合によっては京都の都市民衆も、真っ昼間から誰憚《はばか》ることなく、あっけらかんと行っていたのである。これらの事実から考えると、どうも落武者狩りというものは、違法行為というよりも、当時の一般民衆のなかに何らかの正当性をもって受け入れられていた社会的な慣行のようにすら思える。

事実、当時は室町幕府すらも、戦乱のおりには、この慣行を逆手にとって敵対する相手への有効な攻撃策にしようとしていた[10]。

永享六年（一四三四）一〇月、比叡山延暦寺が強訴《ごうそ》を行い、日吉社《ひよししゃ》の神輿を京都市街に振り入れようとしたとき、室町幕府は有力大名を防衛線である賀茂川沿いに配置するとともに、遠く醍醐《だいご》・山科《やましな》・伏見の村々に対して次のような指示を出している。その指示内容は「便宜《びんぎ》の所に罷《まか》り出、東口へ落ち行く山徒等候はば、打ち留め、具足等をも剝ぎ取り候べき」——適当な場所に待ち構えて、近江国方面に逃げてゆく比叡山の僧たちがいたならば、討ち取って具足などを剝ぎ取ってしまえ、というものだった[11]。これこそ、まさに室町幕府による「落武者狩り」公認指令といってよいだろう。室町幕府は賀茂川方面で比叡山の僧たちを撃退したのち、村々の落武者狩り慣行を利用することで、討ち漏らした者たちまで一挙に一網打尽にしようとしたのである。

また、遡れば南北朝期の延元元年（一三三六）五月、九州から東上して都に攻めのぼる足利尊氏《あしかがたかうじ》軍は、備中国《びっちゅうのくに》（岡山県西部）で朝廷軍を打ち破っている。このとき足利方の武将赤松円心《あかまつえんしん》（則村《のりむら》）は、敗走する朝廷方の武将和田範長《わだのりなが》を捕らえるため、播磨国の「近隣傍庄《きんりんぼうしょう》」に「落人《おちうど》の通るぞ。打ち留め、物《もの》具《ぐ》剝げ」という指令を発したと伝えられている[12]。これも当時の人々の落武者狩り慣行を利用した戦略とみていいだろう。恐ろしいことに、この指令により「近隣傍庄」の「二〜三〇〇〇人」の人々が立ち上がり、「山の隠《かくれ》」や「田の畷《あぜ》」に潜んで和田範長の行く手をさえぎったため、将兵は次々と討ち取られ、最後はわずかに主従六騎になってしまったという。

このほか、明智《あけち》光秀《みつひで》が山崎《やまざき》の戦いで羽柴《はしば》（豊臣《とよとみ》）秀吉《ひでよし》に敗れた後、その敗走中に醍醐辺で村人に討ち取られたというのも、落武者狩りの有名なエピソードだろう。しかし、これについても、光秀が討ち取られる以前、秀吉は用意周到にも「道通りを開け候て、欠け落ち候はば、討ち留め候へ」——あらかじめ道を開けておいて、光秀が落ちのびてきたらその場で討ち取れ、という「上意」を関係する地域に伝達していたことが知られている。つまり、ここでも光秀を討ち取った村人たちは、その秀吉の「上意」に基づいて、落武者狩りを行った可能性がきわめて高いのである[13]。室町幕府どころか、近世の扉を開いたとされる豊臣政権すらも、その政権獲得のためには、民衆の落武者狩りを利用してゆかなければならなかったのである。

では、かくも落武者狩りが容認されたのは、いったいどのような理由からなのだろうか。つぎは、落武者狩りとはべつの慣行を見てみることで、その問題をさらに考えてみることにしよう。

2 失脚者に群がる人々

没落大名の末路

室町時代の大名は、のちの戦国時代の大名とは異なって、多くは京都に集住し、そこでの公・武・寺・社の諸勢力との政治的な交渉のなかで日々を送っていた。しかし、幕府政治の転変はめまぐるしく、昨日まで権勢を誇っていた大名が今朝には没落し、みずから屋形を焼き払って分国へ下向してゆくという光景は、室町時代を通じて決して珍しいものではなかった。

康暦元年(一三七九)閏四月、若年の足利義満《あしかがよしみつ》を管領として長く支えてきた細川頼之が、諸大名の反発を買って失脚する。いわゆる康暦《こうりやく》の政変である。このとき、かなわぬとみた頼之は抵抗をあきらめ、自身の京都の屋形を捨てて、一族郎党をひきつれ、自身の分国である四国の讃岐国《さぬきのくに》(香川県)まで落ちのびていった。これにより、義満は「父」とも慕う一人の腹臣を失うことになるが、同時にこの事件をさかいに義満は頼之の庇護下を脱し、政治的な自立をとげることにもなった。その意味で、この事件は義満政権の本格的スタート(それは同時に室町幕府政治の本格的始動でもある)の契機となった事件として、室町政治史研究のうえではきわめて重要な位置をあたえられている。

しかし、本書がここで注目したいのは、そうした政治史的な問題ではなく、むしろ、この政変により主を失った頼之の京都屋形のその後の運命である。前内大臣三条公忠《さんじょうきんただ》の日記『後愚昧記《ごぐまいき》』によれば、このときカラになった頼之の屋形には「人、多く群集し、壊し取ると云々」という事態が見られたという[14]。つまり、頼之の屋形にはまったく無関係の人々が群がって、勝手にその資財を掠奪していったというのだ。まるで「火事場泥棒」ともいうべき行為だが、しかし、こうした現象は何ら珍しいことではなく、落武者狩りと同様、この時代の京都では大きな政権抗争劇には必ず付随して起きるといってよいほどの「風物詩」となっていた[15]。

長禄四年（一四六〇）九月、畠山義就《はたけやまよしひろ》が京都から没落したときには、彼の配下の被官たちも京都の宿所にみずから火を放ち、そろって下国している。しかし、その後、その主を失った「被官人宿所」や「焼け残る所々」では、「甲乙人等《こうおつにん》」（一般庶民）が群がって、残された資財を「ことごとく破り取」っていたという[16]。また、文明九年（一四七七）一一月には、応仁・文明の乱が終結して、西軍最後の大物であった大内政弘《おおうちまさひろ》が京都の陣屋に火を放ち自国へ兵を引き上げているが、その翌日には、早朝から「焼け跡」に「諸人」が集まって、やはり焼け残った資財を「乱妨《らんぼう》」（掠奪）していたという[17]。

なかでも、嘉吉元年（一四四一）七月の畠山持永の没落のときなどは、その没落を見越した者たちが、彼らの没落を待ちきれず、しびれをきらして被官の宿所に「白昼」「乱入」し、資財を「ことごとく掠め取る」ということまで起きている[18]。なお、このとき都人から見切りをつけられ、その没落を待望されていた畠山持永は、その後、越中国へ落ちのびる過程で、「具足」まで剝ぎ取られる激しい落武者狩りに遭い、落命していることはさきに触れたとおりである（八三頁）。住んでいた屋形は都市民衆の火事場泥棒にさらされ、逃げる道筋では落武者狩りの襲撃にさらされる。当時の大名たちにとって、政治的な失脚はその政治力や発言力を失うだけでなく、生命・財産、すべてを奪われかねない深刻な重大事だったのである。そして他方、京都に住む一般の都市民衆は、度重なる政争のなかでただ逃げ惑っていたり、傍観していたりしたわけではなく、ここを稼ぎ場と、たくましく生き抜いていたのである。

もちろん、こうしたことについては、当時の人々のなかにも（とくに上流階級の人々のあいだに）これを非難する傾向は強く存在した。永正四年（一五〇七）七月、南近江守護の六角氏綱《ろっかくうじつな》が京都から没落したときも、すぐに彼の屋形は「甲乙人打ち入り、雑物《ぞうもつ》を取る」という都市民衆の掠奪の憂き目に遭っている。しかし、このとき六角屋形の近所に住んでいた公家の中御門宣胤《なかみかどのぶたね》は「言語道断の式なり。近所たるのあひだ耳目《じもく》を驚かす」と、その日記に驚きと怒りを隠していない[19]。

また、大名屋形の例ではないが、天文元年（一五三二）八月、法華一揆《ほっけいっき》によって京都郊外の山科本願寺《やましなほんがんじ》が攻め落とされたときも、「甲乙人、手ごとに取る物あり。財宝まことに山のごとし」と、従軍していた都市民衆はみな手に手にたくさんの掠奪品を持ち帰っていたという。ところが、山科本願寺は一向宗の本拠として栄華をきわめた寺院であったため、寺院が焼け落ちたあとも「本願寺焼け痕《あと》、今日にいたるまで財宝を取る。いまだ尽きずと云々」と、なお数日間にわたって焼け跡から財宝が掘り出される日々が続いた。そのため無関係の近隣の「諸郷人」も加わって、このあと数日間にわたる焼け跡からのお宝探しがはじまる。そして、ついに三日目には「黄金数百両」が掘り出されるということになったものの、この金をめぐるトラブル（落盤事故か？　仲間割れか？）で皮肉にも一気に「諸郷人」「数十人」が命を落とす惨事が起きてしまう。しかし、このことを知った公家の鷲尾隆康《わしおたかやす》は、やはり日記に「笑うべし、笑うべし」と記して、欲に目が眩んだ愚か者たちよ、とばかりに彼らに冷笑を浴びせている[20]。

「合法」な火事場泥棒

しかし、一方で残された史料のなかには、公家たちの批判をよそに、そうした行為を許容してゆく発想があったことをうかがわせるものも存在する。

応永三四年（一四二七）一〇月、足利義持に疎んじられた播磨・備前・美作守護の赤松満祐は、京都の屋形を引き払って、分国の播磨に下向してしまう。しかし、この直前、満祐は興味深いことに、みずからの京都の屋形の内に「雑人《ぞうにん》」（一般庶民）を招き入れ、「家内財宝ことごとく」を「所存《しょぞん》に任せて取るべし」という「下知」を下しているのである[21]。つまり、すでに没落を覚悟した赤松満祐は、どのみち「雑人」たちによって屋形が掠奪に晒されるのであれば、いっそ最初から好きなだけ「家内財宝ことごとく」をくれてやろう、と考えて屋形に「雑人」を引き入れたようなのである。これにより、屋形に入った「雑人」たちは堂々と思う存分の掠奪を繰り広げ、「蔵」までも「打破」って「種々重宝等」をもっていったという。そして、それを眺める満祐は、もはや覚悟を決していたのか、「もってのほか心静」かな様子であったという。

ちなみに、この後まもなく満祐は許されて幕政に復帰することになるが、その十数年後、こんどは機先を制して次の室町殿、義教を暗殺して、ふたたび京都を引き払うという室町政治史上の重大事件を起こすことになる（嘉吉《かきつ》の乱）。そうしたことから考えると、どうやら彼は同時代人のなかでも、とりわけ激情型の人物だったらしい。そのため没落前の屋形に「雑人」を招き入れるという、このときの彼の突飛な行動を同時代にどこまで普遍化できるかはわからない。ただ、すくなくとも、このときの満祐の胸中には、没落大名屋形の財産が都市民衆の掠奪に供されるのは避けがたいことだという認識があったことだけはまちがいない。

そして、そう考えるのは、満祐のような掠奪の被害を受ける没落者の側だけではなく、政治的勝者の側も同じであった。時代はさかのぼるが、貞和五年（一三四九）八月、足利尊氏・直義《ただよし》兄弟が争った、いわゆる観応《かんのう》の擾乱《じょうらん》の過程で、直義派の上杉重能《うえすぎしげよし》や僧妙吉《みょうきつ》が没落している。このとき、彼らを追い落とした勝者、高師直は、上杉重能の「被官の輩の宿所」を「諸武士」に給与する一方で、僧妙吉の住んでいた坊舎については「散在《さんざい》の輩《ともがら》、取るべし」という指示を下し、それを当時京都に多くたむろしていた浮浪者たちの掠奪に委ねている[22]。

また、貞治六年（一三六七）一二月には、足利義詮《あしかがよしあきら》が病没した直後、その主治医であった昌阿弥《しょうあみ》の医療ミスが取り沙汰され、幕府の侍所は彼の居宅の検断に乗り出している。しかし、このときも侍所はみずからがその居宅を没収したわけではなく、「彼辺の在地の者等」（昌阿弥の近所に住む都市民衆）に対して、カラになった昌阿弥の家を「壊取」れ、という命令を下している[23]。つまり、ここで侍所は没落大名屋形からの財産掠奪の慣習に従って、没落した昌阿弥の居宅の財産を近隣の都市民衆によって勝手に分配させているのである。

さらに、ずっと下って元亀四年（一五七三）七月、織田信長によって足利義昭の籠もる二条御所が包囲され、いままさに室町幕府が滅びようというとき。ここでも信長は類似の指示を出している。このとき信長は二条御所包囲に先立って、大軍勢を率いて上洛する途中「路次《ろし》すがらの土民百姓等に、いそぎ罷上《まかりのぼ》り乱入せよ」という指示を発したと伝えられている[24]。その後、主が遁走した後の足利義昭の「御城御殿等」は、「洛中洛外取次第《とりしだい》」という状態になり、「洛中洛外」の人々がこぞって好き放題の掠奪をしていたという[25]。

このように、都市民衆による没落大名屋形からの財産掠奪は、たんなる違法な「火事場泥棒」行為ではなく、政治的敗者の側も勝者の側もそれを容認し、ときには積極的に利用すらしてしまう一般的な慣行だったのである。

さて、ここまで落武者狩り慣行と没落大名屋形からの財産掠奪慣行という二つの慣行を追ってきて、読者にはそれがまるで本章の最初でみた南太平洋の「掠奪刑」とそっくりであることに、もはや気づかれたのではないだろうか。穂積陳重の理解によれば、罪を犯したことによりその者は法による保護の埒外に置かれ、事実上の財産権剝奪状態に置かれるのだという。そのため、その者の財産を何者が掠奪しようとも罪に問われることはない、というのが「掠奪刑」を支えた論理であった。この説明は、ここまで見てきた室町・戦国期の二つの掠奪慣行についても、おそらく当てはまるだろう。すなわち、室町殿に叛き京都から没落した者は、法による保護の埒外に置かれる、であるならば、そうした法の庇護を失った「法外人（outlaw）」から財産やときには生命を奪うことは、なにも悪いことではない。中世社会では一般民衆のあいだで「盗み」はなによりも重罪と考えられており、それを忌避する意識はきわめて強かった[26]。そうした社会にありながら、臆面もなく掠奪を繰り広げる室町・戦国時代の人々の意識のもとにあったのは、けだしそうした観念ではなかっただろうか。

3 「流罪」の真実

流罪人の運命

では、そうした通念の支配する中世社会にあって、室町幕府はそれらにどのような姿勢で臨んだのだろうか。ここでは、室町幕府の行っていた「流罪」の実態に注目することで、さらに、その問題を考えてみることにしよう[27]。

さきにも述べたように、室町時代の古記録をめくっていると、優勢者が一夜にしてその地位を追われ、京都から追放されるというような話は、きりがないほど確認できる。しかし、それらも、ひとつひとつその後の経緯を追ってみると、案外、不可解な点が多い。

応永二七年（一四二〇）九月、ときの室町殿、足利義持が急な病の床につく。その後、あれこれ治療を行ってみてもはかばかしい効果のないこの病気の原因は、なんと「狐つき」（呪詛）だったことが発覚する。しかも、それを行ったのは、義持寵愛の侍医高間《たかま》某と陰陽師賀茂《かも》定棟《さだむね》らであったという。このため、すぐに彼らは捕縛され、そろって讃岐国（香川県）に流罪にされるところとなった。ところが、この事件の経緯を詳細に記した伏見宮貞成《ふしみのみやさだふさ》の『看聞日記《かんもんにっき》』によれば、このとき医師の高間某だけは讃岐国に着くことはなく、けっきょく「配所下向《はいしょげこう》の路次」で何者かに殺害されてしまったのだという[28]。

「狐つき」にはじまって「闇討ち」に終わるこの不可解な事件の真相については、室町殿御用医師の座をめぐって坂《さか》氏一門がライバルの高間某を追い落とすために仕組んだものであったということが、すでに瀬田勝哉《せたかつや》氏によって明らかにされている[29]。おそらく、「狐つき」の濡れ衣を着せられ、すでに失脚している高間某に無用のとどめを刺したのも、この坂氏一門なのだろう。殺害されたのが高間一人だけであるという点も、この推測の裏づけとなろう。

このように、室町幕府が行った「流罪」では、流人が「配所」に到着するまえに、途中で何者かによって殺害されてしまうというパターンがきわめて多い。しかも、この流罪途中の殺人事件はすべて、その後、幕府によって犯人が追糺《ついきゅう》された形跡がないのである。

それどころか、当時は、以下の事例のように、流罪を決定した室町殿自身がウラで手をまわして流人を殺害してしまうという事例すら確認することができる。

たとえば、応永七年(一四〇〇)一一月、足利義満は、自身の仕女《しじょ》(女房)と密通した公家の二条為右《ためみぎ》を佐渡島に「流罪」に処している。しかし、このときの「流罪」について日記に記した吉田社神主の吉田兼敦《よしだかねあつ》によれば、けっきょく為右の身柄も佐渡島まで送り届けられることはなく、「路次」の「西坂本辺」(京都市左京区修学院・一乗寺付近)で護送にあたっていた奉公衆の上野民部大輔入道《うえのみんぶだゆうにゅうどう》によって殺害されてしまったのだという[30]。このときの上野民部の行為などは、義満の内命をうけた誅殺とみるべきだろう。

似たような事例は、専制的な傾向の強かった足利義教の時代にも多くみられる。たとえば、永享五年(一四三三)、南朝の後胤でもあった相応院新宮《しょうおういんしんみや》が「隠謀の企て」があるという理由で突然捕縛され、やはり義教によって「流罪」に処されている。しかし、これも『看聞日記』によれば、現実には「流罪」は行われず、彼は「死刑」にされてしまったのだという[31]。また、永享一〇年(一四三八)正月、嫡男義勝《よしかつ》の食事内容に不手際があったというだけの些細な理由で、政所執事《まんどころしつじ》伊勢氏の若党二人が義教によって「流罪」にされている。しかし、これもやはり直後に一人は何者かによって「討」たれ、一人は「腹切」に追い込まれたという[32]。この二つの事件についても、背後に義教の意思があったことはほぼまちがいないところだろう。

死刑と「ほぼ」同義

以上のように、殺害したのが敵対者か幕府自身かという相違はあるものの、南朝後胤から医師や料理の配膳係まで、流罪途中に流人が殺害されるという事例は、室町政治史の流れのなかでかなりの頻度で確認できる。そのためか、当時の人々は「流罪」にされることを、ほとんど「死刑」と同義に考えていたふしがある。

貞和五年（一三四九）八月、観応の擾乱の渦中で失脚した足利直義派の重臣上杉重能と畠山直宗《はたけやまただむね》の流罪が行われ、二人の身柄はそれぞれ越後国（新潟県）と信濃国（長野県）に送致されている。しかし、このことを日記に書き付けた公家の洞院公賢《とういんきんかた》は、続けて日記の末尾に「路《みち》において事あるべきか」――流罪途中の道で何か「事」がおきるだろう、という観測を書き留めている[33]。事実、洞院公賢にかぎらず、この流罪は多くの人々にその悲劇的な末路が予感されていたらしい。その数日後には公賢のもとに、早くも上杉が近江国（滋賀県）と越前国《えちぜんのくに》（福井県）の国境で晒《さら》し首《くび》にされているという噂がもたらされている[34]。のちにこれは誤報であったことが判明するものの、けっきょく遅かれ早かれ彼らは二人とも本当に流罪の途中で殺害されてしまうのである。

また応永二三年（一四一六）一一月、足利義持は、東国の上杉禅秀《ぜんしゅう》（氏憲《うじのり》）の乱に加担したとの咎で弟義嗣《よしつぐ》一派の粛清に乗り出している。なかでも山科教高《やましなのりたか》・日野《ひの》持光《もちみつ》・悟阿《ごあ》の三人の処罰は「流罪」とされた。このとき、この事実に続けて『看聞日記』には、やはり「途中において誅せらるべしと云々」

――途中で殺害されるだろうという噂だ、と、その殺害が実行されないうちからそれを見越したような世間の評判が書き記されている[35]。なお、今回の場合、彼らが途中で殺されることはなかったが、翌々年の正月に京都で足利義嗣が殺害されたのをうけて、やはり彼らもその翌月にひそかに配所で殺害されてしまうことになる[36]。

このほかの事例を眺めても、謀叛人を匿った官人安倍資行《あべすけゆき》の「流罪」[37]や、足利義政の乳母として権勢を振るった今参局《いままいりのつぼね》の「配流」[38]のときも、大方の人々からその殺害が予測されていることが判明する。当時、いずれにしても彼らは、その流罪が決まった時点ですでに「途中」での殺害が、ほとんどの人々から予測される存在だったのである。しかもその人々の予測は、ほとんどの場合、残酷なまでに的中してしまう。こうまでいくと、室町時代においては「流罪」イコール「死」を意味したといってもいいかもしれない。そして、いずれの事例とも、その殺害者が追糺されている形跡がないことから考えても、流人を途中で殺害する行為というのは落武者狩りや没落大名屋形からの財産掠奪と同様、ほとんど慣行として室町社会に許容されていたようなのである。

もちろん、流罪にされたといっても、すべての人が必ず殺害されるというわけでもない。幕府や敵対者がそこまでの仕打ちを意図していなければ、必ずしも追っ手がかけられることはなかったし、あるいは、そうした勢力があったとしても、流人の側がなお相応の軍事力・政治力を保持していれば、やはり容易に殺害されるものではなかった。しかし、多くの者の場合、流罪にされてなおその身を保ち続けるのは至難の業であった。

永享五年（一四三三）閏七月、山門（比叡山延暦寺）は、当時、足利義教から重用され権勢を誇っていた山門使節の光聚院猷秀《こうじゅいんゆうしゅう》を深く恨み、彼の処刑を幕府に強訴している。この原因が義教の権勢を笠に着た猷秀の様々な横暴にあることは、誰の目にも明らかだった。そのため、山門の猛烈な訴えに抗しきれず、ついに義教は猷秀を越前国（福井県北東部）へ「流罪」にすることをしぶしぶ決定している。しかし、山門が本来要求しているのは、「流罪」ではなく猷秀本人の処刑であった。そこで興味深いことに、このとき義教は猷秀の身を案じて、越前守護代の甲斐常治《かいじょうじ》に対して「内々」に「路次以下の事」を申しつけているのである[39]。義教が流罪の「路次以下」で何がおこるのを恐れていたのかは、もはや説明不要だろう。ここでも「敵人」である山徒によって「流人」の光聚院猷秀が殺害される状況が警戒されていたのである。

　しかし、警護を命じられた甲斐はこれに不満を表わし、「山訴なお因縁を休むべからざるのあひだ、しかるべからず」――山門側の不満が燻ぶっている以上、猷秀の身柄の安全は保障できません、と言ってきたのである。守護代ごときにこのようなことを言われては、さすがに義教もカチンときたようだが、ここで彼は仕方なく越前国への配流をあきらめ、管領細川持之の分国である丹波国《たんばのくに》（京都府北部）へと配流地を変更している。しかし、のちにそれも問題だということになり、二転三転ののち、けっきょく猷秀の配流は四国に決まる。このエピソードからは、当時、流人に対する敵人の襲撃が熾烈なもので、その警戒が室町殿とはいえ、いかに困難なものであったかが、よくうかがえよう。

　しかも、もうこれで大丈夫と思われた猷秀の流罪に関しては、さらに細川持之から重ねて現地に「この仁、上意いまだ相替はらず候。しからば前々の流人に准ぜらるべからず候。よくよく扶持を加へらるべく候」――この人物に対する室町殿の寵愛はいまも変わっていない、そうである以上、彼をこれまでの流人と同様に扱ってはならない、十分に保護を加えるように、という内容の一筆を下していることが確認できる[40]。このように、なにがなんでも流人の身柄を保護しようとする場合、室町殿とはいえ、ここまで手の込んだフォローが必要となってしまうのである。

法の保護の埒外への追放

では、なぜ流人はかくも安易に敵人に殺害されてしまい、その後に敵人の犯した殺人が幕府から糾弾されることもなかったのだろうか。また、流人が幕府の手によって殺害されてしまうケースについては、最初から罪人の殺害が予定されているのなら最初から殺害してしまえばいいものを、なぜ幕府はわざわざ罪人を一回流人にしてから殺害するというような面倒なことをするのだろうか。このことを考えるヒントは、西国の大守護である大内氏によって作られた分国法「大内氏《おおうちし》掟書《おきてがき》」の第一四三条にある。

一、御勘気《ごかんき》を蒙《こうむ》るの仁《じん》、御定法《ごじょうほう》の事
御家人を放たるるの輩《ともがら》〈暫時《ざんじ》たりといへども、出仕を止どむべきのよし、仰せ出さるるの族、もって同前〉の事、あるいは殺害・刃傷をかうむり、あるいは恥辱・横難に遇い、たとひまた如《い》何躰《かてい》の子細あるといへども、すでに御勘気を蒙るのうえは、公界往来人《くがいおうらいにん》の准拠《じゅんきょ》たるべきのあひだ、その敵、御罪科あるべからざるのよし、御法を定められをはんぬ。光孝寺殿〈畠山徳本〉管領職の御時、御成敗かくのごとし。御分国中の仁、此旨を守るべきのよし、仰せ出さるるところ、壁書くだんのごとし[41]。

この法令は延徳三年（一四九一）に出されたものだが、後半の傍線部分から、それ以前の内容は「光孝寺殿《こうこうじでん》」（畠山持国）が管領職にあった一五世紀中頃の室町幕府法を引用したものであることがわかる。この前段部分を室町幕府法として現代語訳するならば、その内容はおよそ以下のようなものになる。

室町殿の勘気をこうむり主従関係を解除された者に対しては（その処分がたとえ期限つきのものであったとしても）、その者の身の上に「殺害」「刃傷」「恥辱」「横難」をはじめとして、どんなことがあろうとも、主従関係を解消した以上は、その者を「公界往来人」に準じる者として扱い、その「敵」を幕府が「御罪科」に処することはない。

つまり、ここから、室町幕府には、流人を「公界往来人」、すなわち室町殿との主従関係（保護—託身関係）が切断された者とみて、そうした者は殺害しても構わないとする認識があったことがうかがえる。これもまさに、同時代の落武者狩りや没落屋形への財産掠奪と同様、「法外人（outlaw）」や「フォーゲル・フライ」の論理だろう。だとすれば、これまでみてきたように流人がいとも簡単に敵人によって殺害されてしまい、その後、その敵人の罪が問題とされないのも、すべて納得がいく。つまり、法の保護を失った人間に対して「殺害」「刃傷」「恥辱」「横難」、そのほかいかなる危害を加えようと、それはなんの問題にもならない。この原則があったからこそ、流人は次々と「配所」や「配所下向の路次」で敵人によって殺害されていたのだろう。いってみれば、室町幕府の流罪とは、罪人の追放や拘束に意味があったのではなく、なによりも彼らを法の保護の埒外《らちがい》に置くことに最大の意味があったのである。もちろん、自力救済を基本とする中世社会にあっては、それは多くの場合、即「死」を意味した。

そしてまた、室町殿自身が処刑を意図しているにもかかわらず、わざわざ流罪にしたうえで殺害がなされるというケースについても、同じ論理から説明ができそうである。というのも、室町殿の判断により流罪にされたうえで殺害されたと思しき人物は、いずれも南朝後胤や公家といった朝廷側の人物か、足利氏の家中の者であっても微罪であったり嫌疑不十分な者たちで、いずれも堂々と処刑を行うのが憚《はばか》られる者たちだったのである。おそらく、彼らの場合は、建前上は死刑を回避しつつも実質的に死刑を実行する方策として、「流罪」が適用されたのではないだろうか。これにより、たとえ誰の眼から見ても室町殿の判断で殺害されたのが明らかであったとしても、建前上、室町殿は「死刑」を執行した責任から逃れることができた。なにせ、流人を殺害することが許容されていた以上、流人が誰に殺されようと、もはや誰もその責任を負う必要はないのだから。

このように、室町幕府の流罪はいずれのケースも法の保護を喪失するという点に本質があり、法の保護を失った流人はそのまま他者からの救いの期待できない、まさに文字どおりの自力救済の世界に裸のまま投げ出されることになる。そのうえで、流人に対する敵人の自力報復を公認することで、室町幕府は事実上の「死刑」を実現していたのである。

たしかに、一方で室町幕府は、その達成度は別にして、方針としては中世社会の自力救済観念にもとづく「私刑」の世界を封じ込める姿勢をとっていた（第六章で詳述）。それは室町幕府にかぎらず、歴史上の多くの諸国家が志向したみちであり、人々の自力救済行為をいかに制限し否定することで国家裁判権を確立してゆくかが、世界の諸国家の形成過程に共通する巨大な課題であった。しかし、一方でヨーロッパの中世国家が、その過渡期にあって部分的に自力救済行為を容認することで「公刑」の執行を実現していたように、室町幕府においても同様に、「私刑」の世界に犯罪者の身柄を放擲《ほうてき》することで事実上の「公刑」を実現していた。自力救済社会のただなかに生まれ、それを抑制しようとした室町幕府も、けっきょくのところ、さきにみた落武者狩りの公認指令や没落大名屋形への財産掠奪指令からもわかるように、他方で、より過酷で普遍的な広がりをもつ中世社会の「私刑」（自力救済）の世界に依拠することで成り立っている権力だったのである。

第五章

喧嘩両成敗のルーツをさぐる

——室町人の衡平感覚と相殺主義

1 「二つの正義」の行方

歴史学の中の喧嘩両成敗

さて、室町時代の自力救済社会の実態をある程度理解してもらったところで、ここからはそろそろ本題である喧嘩両成敗の問題について考えてみよう。

喧嘩両成敗法をはじめて歴史学が分析対象としたのは、一九〇〇年に発刊された法制史家・三浦周行《みうらひろゆき》（一八七一〜一九三一）の論文、その名も「喧嘩両成敗法」である[1]。中・近世の諸史料を博捜した三浦は、この論文で喧嘩両成敗法が戦国時代に喧嘩口論の頻発を背景にして制定されたものであることを初めて明らかにした。そのうえで、「喧嘩両成敗の不条理なるはもとより論なし」としながらも、その立法目的は「恐怖の念を社会公衆に与え、将来続出すべき同一の犯罪を杜絶《とぜつ》せんとする」ためであった、と論じた。現在、「喧嘩両成敗（法）」という名辞は、ほとんどすべての高等学校用の日本史教科書に登場し、戦国大名の領国支配のための重要要素として扱われているが、その基本的な評価は、この論文によって確立したといっていいだろう。

さらに、この三浦の評価は以後の研究にも継承、発展され、戦後の研究では、喧嘩両成敗法は人々が紛争を「喧嘩」（私的な実力行使）によって解決するのを未然に禁止することで、紛争解決の権利（裁判権）を大名権力に集中させる役割を担ったのだ、という、より踏み込んだ理解がなされるようになっている[2]。これにより、喧嘩両成敗法は中世以来の自力救済観念を否定し、公権力が国家裁判権を確立するのに際して重要な役割を果たした画期的な法として、戦後さらにその歴史的意義が重視されるようになったのである。そうしたなかで、いささか極端なものとしては、戦国大名が喧嘩両成敗法を制定しているか否かで、その大名権力の強弱を推し量る研究すら見られるようになっている。

しかし、この喧嘩両成敗法の研究史にも問題点がないわけではない。それは、すでに第二章で述べたように、国家による秩序形成を一方的に善とする明治以降の学問の枠組みのなかで、喧嘩両成敗法に過度なプラス評価があたえられてきたという史学史の経緯と大きくかかわる。とりわけ、近年の中・近世移行期研究の成果によれば、中世から近世の移行過程における自力救済観念の克服は、戦国大名や織田・豊臣政権の一方的な抑圧によって実現されたわけではなく、それ以前から社会のなかに形成されていた紛争解決のための法慣習の蓄積によって実現されたものであることが展望されている[3]。

そうした現時点での研究成果に照らせば、戦国大名の定めた喧嘩両成敗法だけをとりあげて自力救済克服の主要因として評価するのは、あまりに喧嘩両成敗法の過大評価といえるだろう。事実、日本の出版界では、戦後、一〇年に一度くらいのペースで「日本の歴史」とよばれる概説シリーズが出版され、そのときどきの最先端の研究者によって最新の研究成果が紹介されるのが通例となっているが、一九八〇年代以降に出版された三種類の「日本の歴史」の戦国時代を扱った巻の索引を概観するかぎり、意外なことに「喧嘩両成敗（法）」という単語はひとつも登場しないのである[4]。

もちろん、このことは決して喧嘩両成敗法を論じることが無意味であることを示しているわけではないが、近年の研究が、戦国時代における自力救済克服の過程を叙述するのに「喧嘩両成敗法」を必ずしも必要としない段階にあることを示しているといえる。そのため、これから喧嘩両成敗法をもとにして中世から近世にかけての暴力の規制の問題を論じようという場合には、むしろ喧嘩両成敗法自体も同時代の紛争解決の志向性のなかから生まれてきたものであるという事実や、喧嘩両成敗法の紛争解決策としての特殊性や限界性を、もっと正当に評価してゆく必要があるだろう。

そこで本書では、以下、その点に最大の注意をはらいながら叙述をすすめてゆくことにする。さしあたり本章では、喧嘩両成敗法を生み出した同時代の思想基盤について考えてゆく。つづく第六章では、喧嘩両成敗法以外の同時代の紛争解決策をみてゆくことで、逆に喧嘩両成敗法がもった紛争解決策としての特殊性について明らかにする。そして、最後の第七章では、喧嘩両成敗法の歴史的な役割とともに、その限界性についても指摘しておきたい。そのうえで、「日本的風土に根付いた伝統」とまでいわれる喧嘩両成敗法の誕生の背景と、その存在をいかに評価すべきか、を考えてみることにしよう。

「道理」がいろいろありすぎる

すでに第二章で述べたように、中世社会には多様な法慣習が存在し、ときとして公権力の定める制定法よりも、それらの方がより重視されていた。しかも、それらの法慣習のなかには相互に内容の矛盾するものも少なくなかった。そのため、結果的にそれが社会混乱の原因となることもあった。

たとえば、当知行《とうちぎょう》主義と文書主義の対立などは、そのうち最もわかりやすい例だろう[5]。「当知行」とは、現実にその土地を用益しているという事実を指す中世語である。鎌倉幕府の「御成敗式目」第八条に知行年紀《ちぎょうねんき》法《ほう》とよばれる有名な条文があるが、そこでは、たとえ不当な占拠であっても、その土地での二〇年以上にわたる「当知行」（用益事実）が認められれば、その者を正式な土地の支配者として認める、という規定がなされている[6]。つまり、中世社会においては、たとえ書類上の売買契約などが不完全であっても、その土地を一定期間占有している事実さえ確認されればその土地の支配が認められてしまう可能性が存在したのである。そのため、この当知行の論理を逆手にとって実力占有を強行する者も後を絶たなかった。

　なかでも滑稽なのは「押蒔《おしま》き」や「押植《おしう》え」といった行為である。これは、係争中の土地の支配を主張するために、その土地に勝手に作物の種を蒔いたり、苗を植えたりしてしまうことをいう。もし訴訟相手からこれを強行された場合、された側は「種蒔きや田植えの手間がはぶけた」などといって呑気に笑っていてはいけない。すぐにその土地に駆けつけて田畑を「鋤《す》き返《かえ》し」（耕しなおし）てしまわなければならないのである。なぜなら、それを放置すれば相手の用益事実を認めたことになってしまい、中世社会の場合、それは即、相手の排他的支配を認めたことになってしまうからである。結果、「押蒔き」「押植え」を強行した者は、その土地の秋の実りのみならず、その土地自体を手に入れることができてしまうことになる。中世社会では「種を蒔くこと」や「苗を植えること」に、その土地の支配権につながる象徴的《シンボリック》かつ物神論的《フェテイッシュ》な意味が込められてしまっていたのである[7]。これなどは現代人には理解に苦しむ本末転倒した話ではあるが、当知行の論理とはそういうものだったのである。

　しかし、一方で中世社会には文書主義とよばれる証文絶対主義も存在するからややこしい。そこでは「証文を以って先となす」という論理のもと、証文を所持する者がそこに書かれた権利を手にすることができるという主張が貫かれている。その論理に基づけば、実際にその土地に住んでいるとか耕作しているということはまったく問題にはならず、ただその土地の支配を証明する文書を所持していることだけが絶対の根拠となった。そのため、この考え方においては、かりに文書の宛名が所持者とはまったくの別人であってもなんら問題にならない。極端な話、たとえその文書が道で拾ったものであろうとも、どこかで盗んできたものであろうとも、とにかくそれを所持している者がその権利を排他的に享受することができるのである。

研究者のあいだでは「文書フェティシズム」ともよばれているこの考え方は、さきの当知行の論理とは正反対のものでありながら中世社会において一方で根強く支持されたものである[8]。しかも、幕府や朝廷も裁判の場では時と場合によって二つの論理を使いわけており、「中世国家」の公式見解が二つのうちいずれであったかを議論するのも容易なことではない。もちろん公権力がこうである以上、庶民レベルでは、訴訟の場でそれぞれ各自が自分に都合のよい方の論理を正当性の根拠として持ち出してくるという始末で、当然ながら法廷は混乱をきわめることになった。現代人から見れば不可解このうえない実態だが、そうした多様な価値が並存しつつも、全体として調和がとれてしまうところが中世社会を研究していてなんとも面白いところなのである。

さきに第二章で妻敵討や親敵討を例にだして、この時代は復讐が社会的に正当な行為として認められていたことを述べた。しかし、この妻敵討や親敵討についても、さきの当知行主義や文書主義と同じく、唯一絶対の法理ではなかった。

永享一〇年（一四三八）一二月、京都で「市」という名の河原者《かわらのもの》が夜中に「親敵」として襲われ負傷するという出来事があった[9]。河原者とは、この時代の京都の鴨川沿いに住んでいた被差別民のことである。しかし被差別民とはいえ、一方で彼らは、この時代を代表する枯山水《かれさんすい》などの庭園の造営にその才能を発揮し、室町文化を陰で下支えした重要な存在でもあった。この河原者「市」も作庭技術に長けた者で、その技量を買われて伏見宮家と三条家と朝廷に「兼参奉公《けんざんほうこう》」（複数の主人に仕えること）するなど、当時の公家社会でひっぱりだこになっていた人気造園家だった[10]。その「市」がこれまでどのような波乱の人生を歩んできたのかはよくわからないが、どうやら過去に人を殺したことがあったらしい。その結果として、敵の息子から「親敵」として命を狙われることになったのだろう。彼ら河原者も、この自力救済社会の復讐のオキテとは決して無縁の存在ではなかったのである。

それにしても、自分のところに奉公していた河原者に殺人の過去があったとはつゆ知らず、朝廷と伏見宮家は驚いてすぐに三条家にこの事態を問い合わせている。しかし、「市」の主家のひとつであった三条家側も応答に窮して、「親敵たるのあひだ、その理なきにあらず。両方道理なり。いかがすべく候や」と逆に伏見宮家にどのような処罰をするべきか相談してしまっている。すなわち、ここで三条家は、「市」を襲った者の行為が親敵討であった以上、「その理なきにあらず」と、一応はその正当性を認めているのである。しかし、それはそれとして、人を闇討ちにする行為は許されることではないので、「市」の側にも「道理」を認めたうえで、「両方道理なり」として、頭を抱えてしまっているのである。最終的に史料のうえからも、その後に「市」と襲撃者のどちらがどのような処罰をうけたのかはまったく不明である。

このように、親敵討が中世社会の「常識」であったことはまちがいないのだが、一方で、とはいえ無闇に人を殺すのはよくないことだ、という、もうひとつの「常識」も同じ時代の同じ社会に存在していた。同じことは、後述するように妻敵討についてもいえる。そのため三条家ならずとも、当時の人々は少なからず途方に暮れることになった。

ウルトラC

こうした二つの「正義」が拮抗するなかで、やがて人々は一定の対処法を創出してゆくことになる。たとえば、さきに第三章で、酒屋の妻敵討事件が赤松氏と斯波・山名氏とのあいだの政治闘争に転化してしまう話（六〇〜六一頁）を見たが、あの話にはさらに後日談が続く[11]。

自分の被官を妻敵討で殺害された赤松政則は、妻敵討を行った酒屋に報復しようと軍勢を繰り出してゆくが、けっきょくそれは酒屋とコネのあった斯波と山名の被官の軍事力と政治力、そして室町殿・足利義政の制止のまえに断念を余儀なくされる。そのため、赤松はあらためて義政に訴えて、被官を「妻敵」として殺した酒屋の処刑を求めることになる。赤松の言い分は、こうである。

あるいは親の敵、あるいは妻敵、生害《しょうがい》におよぶの時、殺害人もまた生害せしむの条、先蹤《せんしょう》分明《ぶんみょう》のうえは、近ごろの御法《ごほう》に任せらるべし。

——親の敵であろうと妻敵であろうと、人を殺害したならば、その者もまた死罪にされるのが、明白な「先蹤」（先例）である。そうである以上、最近の「御法」（幕府の法）に準じて、かの者を死罪にされたい。

ほとんど同じような意味であるが、ほかの史料によれば、このとき赤松は以下のようにいったとも伝えられている。

婦敵《めがたき》として殺害せしむの時、本夫《ほんぷ》、命を全うすべき事、いかが。殺害の科《とが》をもって同罪に処せられ候儀、近代の武家の儀、度々例を存ず。（中略）打たるる人、害されざれば、発向《はっこう》すべし。——「本夫」（本来の夫）が間男を「婦敵」として殺害しておきながら、そのまま生きながらえるということは、いかがなものか。「殺害の科」として同じように死罪にするという、最近の幕府のいくつかの「例」を記憶している。（中略）もし殺害した者を死罪にしないというのなら、われわれはすぐにみずからの力で加害者に軍事攻撃をかけるだろう。

この赤松の主張のなかにも、妻敵討の正当性を認めず、あくまで「殺害の科」として殺害者に死罪を求めるという、中世社会のもうひとつの「常識」が展開されている。実際、この事件のわずか一週間前、京都の一条西洞院《いちじょうにしのとういん》辺でおきた妻敵討未遂事件では、妻敵討に失敗した本夫が侍所であった赤松氏によって禁獄されてしまっている[12]。妻敵討だろうが親敵討だろうが、人を殺した以上、それなりの処罰をうけるべきだ、という赤松側の主張は、おそらく身内や従者を殺害された側の感情としても、当時において一定の正当性をもちうるものだったにちがいない。そのため、同時代的には必ずしもまちがっていないこの主張を、さすがの義政もむげに却下することはできなかった。困りはてた義政は、幕府の法曹官僚に「意見《いけん》」を求めることになる。しかし、法曹官僚たちも必死になって類似案件に対する過去の法令や判例を捜索したらしいが、ついに一片の先例たりとも見つけだすことはかなわなかった。その結果、法曹官僚たちから義政に提出された「意見」は、彼らの独創による以下のようなものだった。

妻敵の殺害をなし、その妻を害せしまば同罪たり。そのほかに本夫同罪として殺さるべき事、道理にかなはず。

——妻敵を殺害したうえで、一緒に自分の妻も殺害してしまえば被害の程度は同等となる。それ以外（赤松のいうように）本夫自身を死罪にして被害の程度を同等とするというのは、道理にはずれている。

彼ら法曹官僚たちは、けっきょく、当時の「常識」を曲げて妻敵討をした者を処罰することはできなかった。しかし、かといって「殺害の科」を見逃し、被害者側の感情を無視することは、もうひとつの「常識」からもできなかった。結果、彼らが独創したのは、妻敵討をした者は一緒に姦通をした自分の妻も殺害するべきだ、そうすれば加害者側も一人の愛する人間を失ったことになり、被害の程度は対等になる、という驚くべきものだった。

なんといい加減な、そして、なんと女性の生命を軽んじた意見か。私たちなら唖然となるこの法曹官僚たちの「意見」は、しかし意外にも、当事者たちには抵抗なく受け入れられるものだった。この判決に赤松側は納得し矛を収め、酒屋側は後日、妻を処刑してしまい、この事件は案外あっさりと一件落着となっている。それどころか、この幕府官僚たちの「意見」は、その後の類似事件を処理する際の「法式」として受け継がれ、なんと江戸幕府も三〇〇年間にわたり妻敵討に対する規範として、姦夫と姦婦二人の殺害を義務づけることになる。けっきょく、このときの室町幕府の判断は、形式上は明治時代になるまで、我が国で効力を持ち続けたのである[13]。

「同等」への強いこだわり

このような私たちからすれば非人道的な判決が出された背景、およびそれが意外に広く受け入れられてしまった背景を考えるうえでポイントになるのが、双方を「同罪」にする、ということに対する彼らの強いこだわりである。じつをいえば、喧嘩両成敗も、このこだわりのなかから生まれてくることになる。では、その誕生の瞬間を見届けるためにも、もう少し時代を下ってみよう。

戦国時代にはいって間もない文亀元年（一五〇一）五月の京都では、東寺《とうじ》の僧侶たちが、それぞれ頭を寄せ合って深刻な会議を開いていた[14]。そこで彼らの頭を悩ませていた議題の一つは、京都の東寺領柳原《やなぎはら》に住む茶屋の左衛門二郎という男が「親敵」として五郎三郎という者を殺害した親敵討事件についての処理だった。このときも東寺の僧侶たちは、親敵討は正当である、という中世社会のひとつの「常識」は当然のこととして共有していた。しかし、一方で会議に参加した僧侶たちのなかには「親敵打の事、重事《ちょうじ》か」として、茶屋の左衛門二郎の行った殺人行為を重大事として受け止め、厳正な処罰を行おうという意見もあった。はたして親敵討は合法か違法か。さきの室町幕府の法曹官僚たちを悩ませたのと同じ難題に彼らも直面していたのである。

悩んだすえ、最終的に彼らが下した判断は、「しかりといへども、犯科を行はるべきか否か、天下の大法《たいほう》、案内《あない》なきのあひだ、追って御沙汰におよぶべきのあひだ、まず両人の屋、代官乗観申し付け、検符《けんぷう》すべし」というものだった。つまり、彼らは「犯科」（処罰）を行うかどうかは「天下の大法」をよく知らないので後日検討する、として具体的な処罰決定を留保したうえで、加害者と被害者の両方の家を「検符」（検封とも書く。差し押さえのこと）するという決定を下したのである。

ここでも彼らを悩ませた原因は、親敵討事件の処理についての明確な「天下の大法」（広く一般社会に根づいている法慣習）が存在しないということだった。この時点では、ふたつの「常識」を止揚するような、皆が納得する新たな「常識」はまだ生まれていなかったのである。しかし、そんな彼らも悩んだすえ、結果的に加害者と被害者の両方の家を差し押さえるという一定の判断を下している事実は見過ごせない。喧嘩の加害者・被害者双方に同程度の処罰を加えるというのは、これはほとんど喧嘩両成敗的措置といっていい（死罪にしているわけではないので、厳密にいえば「両成敗」ではないのだが）。彼らにしてみれば、善悪の価値判断を停止して双方の家を検封してしまうというのは、苦悩のすえの玉虫色の決断だったにちがいなく、とりあえず準拠すべき「天下の大法」が見出されるまでの便宜的措置であったことは疑いないのだが、結果的に彼らは双方の「正義」を均等に尊重し、双方に同等の罰を科したのである。ここで彼らが持ち出した結論は、とりあえず、のちの時代の喧嘩両成敗法を先取りしたものと評価できるだろう。

ただ、ここで彼らが選択した両成敗的措置は、必ずしも彼らの独創によるものではないことにも若干留意しておきたい。というのも、中世荘園の刑罰では、ときおり喧嘩の当事者双方を「法に任せ、両人の住屋を検符す」る、という措置が見られたからである[15]。この措置は一見すると喧嘩両成敗法となんら変わりないようにも見えるが、その背景にはむしろ犯罪を穢《けがれ》とみなす中世社会独特の観念が大きな意味をもっていた。そこでは「犯罪＝穢」という認識のもと、喧嘩という犯罪によって穢を生み出した当事者双方の存在を荘内から抹消するという呪術的な面により力点が置かれており、後の時代の喧嘩両成敗法とは単純に同一の性格とはみなせない。ただ、その意図するところが違っていたとしても、結果的に両成敗的措置による処罰がすでに中世社会に行われていたという事実は、東寺の僧侶たちが両成敗的措置を選択するのにまったく影響をあたえなかったとは思えない。その意味では、「天下の大法」の不在に当惑していた東寺の僧侶たちが両成敗的措置を選択するのは、それほど当時においては特殊な行動ではなかったのかもしれない。

このように、東寺の僧侶たちは、さきの妻敵討事件でもみたような双方を「同罪」にするという中世人の強いこだわりや、中世荘園で行われていた「犯罪＝穢」という観念に基づく両成敗的措置の先例を背景にして、両成敗的措置を採用したものと思われる。彼らは親敵討事件の処理についての「天下の大法」がないことを嘆いていたが、結果的に見れば、それはまったく取り越し苦労であった。なぜなら、彼らが心配するまでもなく、その後の歴史は、彼らの窮余の選択それ自体を「天下の大法」としてゆく方向に進んでゆくことになるからである。ちなみに、戦国大名今川氏親が分国法「今川かな目録」を制定し、そのなかに喧嘩両成敗法を盛り込むことになるのは、これから一二五年後、大永六年（一五二六）のことである。

2 「目には目を」――中世社会の衡平感覚と相殺主義

「相当の儀」

相容れない「ふたつの常識」が拮抗し多くの人々が当惑するなかで、次第に受け入れられていった「新しい常識」――、それが喧嘩両成敗だった。では、そのさいに人々が最重要視した、双方を「同罪」とすることへの強いこだわり、とはいったい何なのだろうか。以下では中世人が共有した、この「強いこだわり」について考えることで、人々が喧嘩両成敗法を受け入れていった素地を探ってゆくことにしよう。

さきに第三章で見た、犯罪者を邸宅に匿う話の一つを思い出していただきたい。享禄五年（一五三二）正月、禁裏で仕丁（雑用係）の一人を斬り殺した典薬頭《てんやくのかみ》、和気《わけ》業家《なりいえ》という公家が、正親町実胤《おおぎまちさねたね》の邸宅に駆け込んだという、あの話である（五四頁）[16]。あのとき、けっきょく正親町実胤は和気業家を匿いとおすことに成功してしまったが、邸宅の外での、仲間を殺された同僚たちの怒りは凄まじいものがあった。まず最初、彼らは「殺害罪は高下《こうげ》に依《よ》るべからざるのあひだ、相当《あいとう》の儀《ぎ》をもって典薬討つべし」――殺人罪に身分の上下はないのだから、たとえ公家であっても「相当の儀」として和気業家を殺害するべきだ、と息巻いていた。ここでいう「相当《あいとう》」とは、現代語でも「時価一億円相当の宝石」などというときの「相当《そうとう》」とほぼ同義で、「ある物事の程度や状態が、他と釣り合うこと」が原義である。とくに中世で「相当の儀」といった場合は、双方の損害の度合いが同程度で釣り合っていることを意味する。つまり、彼ら仕丁たちは、殺された同僚一人の生命と釣り合いがとれるだけの「相当の儀」として、加害者である和気業家一人の死を求めたわけである。

しかし、正親町家が一向に和気業家を引き渡さないことを知ると、彼らは「しからば正親町に対しもっとも遺恨なり。打ち入るべし」と、こんどは正親町邸に討ち入るとまでいいだす始末だった。おまけに、殺害された仕丁の遠い親戚は、当時の京都の実質上の支配者だった三好長慶《みよしながよし》の被官であった。そのため、放っておけば事態は三好政権も巻き込んだ大問題となる気配すらあった。そんなこんなで、仕丁たちはかたくなに仲間の復讐を主張し、それに対して周囲の者たちがそれを宥《なだ》める、ということが、その日の夕方まで延々と繰り返された。

最終的に彼らを納得させたのは、後奈良《ごなら》天皇の「典薬逐電《ちくてん》なり。向後見合《きょうこうみあい》に随《したが》ひ生害《しょうがい》におよぶべし」——和気業家はもはやその地位を捨てて遁走してしまった者である、そうである以上、今後どこかで和気業家を見かけたならば、そのときはその場で彼を殺害して構わない、という言葉だった。これは第四章でみた「法外人」「フォーゲル・フライ」の論理と、まったく同じ論理である。後奈良天皇は、和気業家の法的な保護を剝奪することで、仕丁たちの自力報復を容認したのである。まことに中世権力らしい決着の付け方といえよう。これを聞いて、仕丁たちはとりあえず矛を収め、その場は退去していったことで、事件は一段落したという。

鋭いバランス感覚

ただし、この事件を記した鷲尾隆康《わしおたかやす》は、一方でこの後奈良天皇の措置には「或《あ》る人」が批判を述べていたということも日記の末尾に書き加えている。彼は「或る人」の名前を明かさないが、彼によれば、その「或る人」は、「仕丁《じちょう》に対し、その身は逐電の事、すなはち相当すべきか。後々生害におよぶべき事、いかが」――仕丁一人が死んだのに対して、公家の当主が逐電（失踪）したということは、これはもう「相当」になっているのではないか、そのうえさらにまた殺害許可を出すというのはいかがなものだろうか、という天皇への批判を秘かに述べていたという。つまり、ここで「或る人」は、中世社会が身分制社会であるという大前提のもと、なにをしたといえども公家の当主の生命と仕丁ごときの生命が等価であるはずがなく、和気業家がいまの地位を捨てて逐電したというだけで、仕丁一人の死との釣り合いはとれているのではないか、と主張しているのである。

ここでは、被害者の死は加害者一人の死で贖《あがな》われるべきである、という主張と、被害者の身分が低い以上、加害者はその地位を失ったことで十分に罪は贖われている、という二つの主張がうかがわれる。こうした二つの主張の対立は、このての紛争がおきたときに必ずといってよいほど問題になる事柄であり、このうちどちらが「相当」であるかを判定するのは、当時においてはかなりむずかしい問題であった。しかし、一見、鋭く対立しているかに見える両者の主張だが、結局のところ、被害者の死に「相当」するものを加害者側は失う必要がある、という点では認識が共有されていることがわかる。「相当の儀」とよばれる、被害者と同程度の損害を加害者は受ける必要があるという認識は、なにをもって「相当」とするかという点はともかく、おおむね中世社会に通念として広く深く浸透していたものだったのである。

しかも、この時期以降の史料のなかには「相当」という、本来は「等価」を表わす名詞が派生して、「相当せしむ」[17]とか「相当仕《つかまつ》る」[18]といった動詞的な用法がみられるようになる。ここにきて「相当」の語は、「相当する」という動詞としての用法が生まれ、事実上「復讐する」と同義で使用されるようにまでなるのである。当時の人々が「復讐」を行おうとするとき、いかに双方の損害を「等価」にすることに価値をおいていたかが、ここからも理解できるだろう。こうした当時の人々のバランス感覚のことを法制史研究では「衡平感覚《こうへいかんかく》」とよんでいる。また、そうした衡平感覚に基づいて、当事者双方の損害を等価にしようとする発想は、法制史研究や人類学では「相殺主義《そうさいしゅぎ》」とよばれている。これまで本書では、室町社会に無数の波乱を巻き起こした復讐行為の元凶として、人々の自尊心（第一章）や、復讐を正当とする社会通念（第二章）、個人の損害を集団全体のものと考える集団主義（第三章）といったものを紹介してきた。しかし、この「衡平感覚」とよばれる中世人独特のバランス感覚の存在や、「相殺主義」という等価への飽くなき志向こそは、それらに勝るとも劣らない、人々を復讐行為に走らせるきわめて重要な要素となっていたのである。

しかも、さきに仕丁一人の生命と公家一人の生命を等価といえるか否かで意見の相違があったように、なにをもって「衡平」とし「相殺」とするかは、当時、きわめて微妙な問題を含んでいた。文明四年（一四七二）に大和国でおきた、ほとんど無関係の老父や町人が次々と巻き込まれて殺されてしまった、あの不条理な復讐劇を思い出してもらいたい（七五〜七六頁）。あの事件では、喧嘩で「こちらが負傷したのに相手が無傷であったのは、相手の『過手《すぎて》』（過剰攻撃）である」として、後日、相手側の老父が復讐として殺されていた。それに対し、相手側は「むこうは負傷しただけなのに、こちら側の者を殺害する方が、むしろ『過手』である」として、また一方の無関係者を復讐のために殺害してしまっていた。彼らがともに自身の衡平感覚に基づき、相手側の「過手」に見合うだけの報復を行おうとしていたことはまちがいない。しかし、ここでの「衡平」とは、数学的かつ客観的にきっちり等価というようなものではなく、あくまで双方の主観に基づく「衡平」であった。そのために、なにをもって「衡平」とし「相殺」とするかで当然ながら双方の認識に差異が生まれることにもなった。これにより、さながらシーソーゲームのように復讐は繰り返されてゆくことになってしまったのである。

しかし、この衡平感覚や相殺主義は必ずしも紛争を拡大させるばかりのものではなかった。たとえば、メソポタミアのハンムラビ法典のなかの有名な一文「目には目を、歯には歯を」は、同害報復を認めた条文として一般にも広く知られている。ところが近年の研究の進展によって、この条文は決して復讐を奨励しているわけではなく、受けた損害以上の過剰な報復を相手に加えることを禁ずる意図のもとに定められたものである、という理解がむしろ通説になっている[19]。つまり、片目を失った者がその報復と称して片目以上、つまり相手の両目を傷つけたり、まして命を奪うことはあってはならない、あくまで「目には目を」、という意味である。このように、同害報復の原則は、そもそも復讐を正当化する反面、その復讐に一定の制御を加え、過剰報復を抑止する側面ももっていた。同じことは、以下に見てゆくように、日本の室町時代の人々の衡平感覚についてもいえるだろう。

北野経王堂の千僧供養（『上杉本洛中洛外図』）
（米沢市上杉博物館蔵）

やられた分だけやりかえす

康正元年（一四五五）一〇月、新たに梶井門跡《かじいもんぜき》となった義堯《ぎぎょう》の率いる行列が、法華経一万部千僧供養という法会《ほうえ》を聴聞《ちょうもん》するために京都西郊の北野経王堂へと向かっていた[20]。このとき、北野の法会には梶井門跡だけではなく、たまたま細川典厩家《ほそかわてんきゅうけ》の細川道賢《ほそかわどうけん》（持賢《もちかた》）入道《にゅうどう》も参列することになっていたらしく、経王堂の周辺には細川典厩家の被官たちも大勢ひしめいていた。その雑踏のなかで、細川典厩家の被官の一人、勝田《すぐた》某という者の子息が門跡の乗った牛車に対してなんらかの「狼藉」を働いてしまった。この些細な「狼藉」が、例によって両者のあいだの大規模な闘乱に発展してしまうことになる。細川道賢は、当時、若年の細川勝元の後見役として幕府内で力を誇っていた実力者である。対する梶井門跡義堯は時の室町殿、義政の同母弟であり、梶井門跡家自体も、当時、曼殊院門跡《まんしゅいんもんぜき》にかわって北野社の別当職《べっとうしき》までも保持していた威勢盛んな門跡である。両者の被官の格闘は熾烈を極め、最終的には原因をつくった勝田某の子息がその場で殺されたほか、細川典厩家と梶井門跡家の双方でちょうど同じぐらいの死傷者が生じてしまった。ここまで散々似たような事件を見てきた読者には、これが通常ならさらなる悲劇の序曲となるのは、およそ察しがつくところではないだろうか。

しかし、予想に反して、なぜかこのときばかりは双方の紛争はこれで片づいてしまい、以後も報復の連鎖がおきることはなかった。両者の紛争がこれだけで片づいてしまった理由を、事件を記録した中原康富は「当座《とうざ》の儀、持《もち》たるのあひだ、無力無沙汰《むりきぶさた》かと云々」と述べている。つまり、「この場では『持』であるのだから、どちらもこれ以上手出しすることはできまい」というのが当時の世間の観測であり、実際に事態はその通りになったらしいのだ。さて、ここでいわれている「持」とは何だろうか。

ほかの中世史料を見てみても、「持」という言葉が、このような喧嘩闘乱に際して使われる例はきわめて少ない。むしろ「持」は、この時代は公家社会で行われる連歌などで一般的に使われる用語であり、その意味するところは「引き分け」「同点」といったところである[21]。つまり、ここでは「死傷者の数が同等である」ということが、ユニークなことに公家のゲーム用語である「持」という言葉によって表現されているのである。「死者の数が同等であるのだから、どちらもこれ以上手出しはできまい」という趣旨である。言い換えれば、ここで「持」という言葉で表現された「損害の程度が同等である」という事態は、この時代の人々に紛争のこれ以上の継続を断念すべき条件として認識されていたのである。しかも、今回の場合は、大方の人々の予想どおり紛争は本当にこれで収束したのだから、当事者双方にとってもこれは遵守すべき規範であったことを推測させる。当事者双方の受けた損害が不均衡な場合、復讐は迷わず継続されるが、もし双方の損害に釣り合いがとれたのならば、これ以上、紛争を繰り返す必要はない、という意識は、どうもこの時代の人々にも広く共有されていたらしいのである。

ただ、さきの事例の場合、当事者たちが復讐を思いとどまった背景には、損害の程度の問題ではなく、相手の勢力が自身のそれと互角であることから、これ以上紛争を継続するのは賢明ではないという打算が一方で働いた可能性も捨てきれない。では、より明快な例をあげよう。応永二七年(一四二〇)八月には、室町殿、足利義持の石清水八幡社《いわしみずはちまんしゃ》の参籠中《さんろう》に、警護を担当していた土岐氏《とき》の一族のあいだで、「口論」に端を発して、ついには当事者二人が刀を抜いて「突き合い」(相討ち)になってしまうという刃傷沙汰がおきている[22]。しかし、一方で、この事件を聞いた人々は案外冷静に「一家の事たるのうえ、両方堕命《だめい》のあひだ、当座の儀、無為《ぶい》と云々」と述べて、やはり、この喧嘩自体は大きな紛争に発展することはなく「無為」に収まるだろうという観測をもったという。

彼らがそう考える根拠は二つ。一つは、この喧嘩が「一家の事」、つまり当事者が同じ土岐氏の一族であるため、今後の問題は土岐氏の一族内部で解決され、集団間紛争に発展することはないだろうということ。そして、それと並ぶもう一つの理由が、この喧嘩が結果的に「両方堕命」であること、だった。どちらか一人が生き残りでもすればあとにシコリが残ることもあろうが、さいわい二人とも死んでくれたのだからどちらも遺恨が残らず、これでとりあえず事件は一件落着だ、という理屈である。ここでも人々は、独特の衡平感覚を共有するがゆえに、それが満たされた場合、それをもって紛争の「幕引き」と考えたのである。

「やられた分だけやり返す」という中世の人々の衡平感覚や相殺主義は、現代人にはどうにも野蛮で幼稚な発想のように思えてしまうが、反面で「やられた分」以上の「やり返し」を厳に戒める効果も明らかにもっていたのである。さらに視野を拡げれば、そもそも人々の同害報復の観念が復讐を助長した反面、復讐に一定の制限をあたえていたという事実は、さきに例としてあげたメソポタミアのハンムラビ法典をはじめとして、中世ヨーロッパ世界やイスラム世界など人類史上においても普遍的に確認される現象である[23]。こうしたことから考えれば、日本中世社会の衡平感覚や相殺主義も、それは一方で紛争の原因でありながらも、他方では紛争を収束させる要素ともなっていたと断言して差し支えはないだろう。そして、他でもない喧嘩両成敗法とは、当事者双方を罰することで、まさにそうした均衡状態を強制的につくり出す効果をもっていたのである。

3 「折中の法」

最善の解決法

さて、中世日本人の心性に深く浸透していた衡平感覚や相殺主義は、一方で直接的な喧嘩の場面に限らず、中世に生きる人々のより根源的な思考様式にまで大きな影響をあたえていた。それが最も直截に反映されているのが、以下に述べる独特の法思想、「折中《せっちゅう》の法」である。

ここでいう「折中」とは、現代でも「和洋折衷」といった言葉として使われる「折衷」と同じ意味で、ふたつの異なるものを足して二で割る、という行為である。ただ現代では「足して二で割る」というと、公的な場や真面目な場では、なにか苦し紛れの妥協の産物として忌み嫌われることが多い。

しかし、中世社会においては、それはむしろ最善の策として奨励される、重要な意味をもつ法思想だったのである。

実際、中世の紛争解決策のなかには、高等学校の教科書にもその名の載る「下地中分《したじちゅうぶん》」（荘園領主側と地頭側で荘園を折半する行為）や「半済令《はんぜいれい》」（荘園年貢の半分を武士が取得することを認めた法令）、あるいは「降参半分《こうさんはんぶん》の法」（降参した敵の所領については半分だけは没収せずに残してやるという法慣習）など、利権を折半するという行為や法令・慣習がよく見られる。「折中の法」とは、このように係争対象の利権を当事者間で折半することで問題を解決させるという法思想で、これこそまさに中世人の衡平感覚や相殺主義に配慮して生み出された紛争回避の叡智だったのである。

ただ、このとき私たちが注意しなければならないのは、ここでの「折中」や「中分」も、必ずしも数学的な意味での厳密な「二分の一」だったわけではなかった、という点である。それはさきに説明した中世人の衡平感覚が、決して客観的、絶対的な「等価」を意味したわけではなく、あくまで双方の主観に基づく「衡平」であったのと同じことである。つまり、ここでの「中分」も、双方がとりあえず満足するような欺瞞的な操作を加えたうえの結果なのである。逆にいえば、そうした多分の欺瞞性を含めていたからこそ「折中の法」は中世社会に一定の支持を受けていたともいえる。

神の意思をも超える

さて、この「折中の法」がどれだけ当時の人々に重視されていたか、一例をあげて説明しよう。

中世の裁判では、もちろん人知を尽くした「理非」の糺明ということもそれなりに行われていたが、それと同等か、ときにはそれ以上の価値を置かれたものに、神明裁判《しんめいさいばん》（神判《しんぱん》）があった。これは、紛争当事者の善悪を「神」の判断に委ねるという呪術的な裁判の形式で、かつては日本にかぎらず前近代世界のあちこちに見られたものであった。なかでも、とくに有名なのは中世ヨーロッパの魔女狩りでよく行われた、被疑者を生きたまま水に沈めて浮かぶか否かで正邪を決めるというものや、アジア社会で見られた、毒蛇に被疑者を咬ませて死ぬか生きるかで有罪無罪を決めるという類のものだろうか。現代から見ればおぞましいばかりの狂信行為といえるが、当時の人々は被疑者を究極の状況におくことで「神」の意思を確認することができると信じていたのである（また、かりに「神」の判断が真実とは相違したものであったとしても、とにかく大多数の人々が納得できる「真実」が明らかにされることが、地域の秩序回復のうえではなにより重視されたのである）24。

このうち室町時代に最も一般的だった神判に、湯起請《ゆぎしょう》がある。これは被疑者や紛争当事者双方が熱湯のなかの小石を手で拾い、火傷の有無や状況で「神」の意思を占い、善悪を判断するというものである。なんとも痛々しい話ではあるが、戦国時代になると、これが鉄火起請《てつかぎしょう》という灼熱の鉄片を握られる神判にエスカレートしてゆくことを考えると、まだこちらの方がマシというべきかもしれない。しかし、最初に湯に手を入れるのと次に手を入れるのでは湯の温度が違うので不公平ではないか、あるいは二人とも火傷した場合はどうなるのか、さらには二人とも火傷しなかったらどうなるのか、現代に生きる私たちに疑問はつきない。現に事例こそ多くはないが、中世人も頭を抱えてしまう湯起請の結果というのが、たまに現われることがあった。

近江国では、山前荘《やまのまえのしょう》（滋賀県東近江市）に住む百姓と近隣の観音寺《かんのんじ》門前に住む百姓が山野の用益権をめぐって延々五～六年にわたって対立を続けていた。しかし、永享八年（一四三六）五月、ついにその正邪の判定が幕府の役人立会いのもと京都の成仏寺《じょうぶつじ》という寺で湯起請によって行われることとなった[25]。双方の村の代表はまず籤《くじ》を引いて順番を決め、「絶対にウソは申していません」と神に宣誓する起請文を書き、さらにそれを焼いた灰を呑んだうえで、熱湯のなかの石を順番に拾いあげることになる（ウソをついた者は神罰で火傷するという理屈である）。ここで、まず最初の山前荘の百姓は「やすやすと」石を取りあげる。これを見た観音寺代表の百姓はさすがに「憶《おく》したる風情《ふぜい》」だったが、なんと、彼も続けて「無為」に石を取りあげてしまったのだ。どうもこのときの湯の温度設定に問題があったとしか思えないのだが、その場にいた幕府の役人には判定のしようもなく、仕方ないので二人の身柄は寺に二～三日預けられ、その後の身体の変調などを見守ろうということになった。しかし、翌日も、その翌日も、二人の手はなんともなく（あたりまえだが）、身体に変調もおとずれなかった。

足利義教
（妙興寺蔵）

これにはさすがの幕府の役人たちも困ったようで、このことはすぐに室町殿、足利義教に報告された。しかし、義教自身もやはり判断に窮し、けっきょく山前荘の領主であり訴訟当事者でもある伏見宮貞成に意見聴取をするなどした挙句、結論としては「両方その失《しつ》なきのうえは、中分《ちゅうぶん》せらるべきか」――両方とも「失」（異常）がなかった以上、係争地は「中分」するべきではないか、という伏見宮の意見が容れられたようだ。かくして翌月には義教の御教書が発給され、係争地となっていた山野の用益は山前荘と観音寺で折半することになり、ついに二つの村のあいだの長い相論にも決着がつけられることとなった。

これこそまさに「折中の法」に基づく解決策といえよう。神判によって「神」の意思を確認することができなかった場合でも、「折中の法」は「神」の意思を超える究極の解決策としての役割を果たしたのである。しかも、それが当事者双方にも単なるその場しのぎの妥協案とは受け止められなかった証拠に、以後、史料中には山前荘と観音寺との対立は確認できなくなる。「折中の法」は、神判を超えて、当事者双方を納得させ受け入れられるだけの内容をもっていたといえよう（この場合、湯起請で善悪の判断が下らなかった以上、むしろ当時の人々は「折中」が「神」の意思を反映したものと考えた可能性すらある）。

このほか似たようなところでは、文明一六年（一四八四）正月の紀伊国の山相論でも、守護の法廷で湯起請によって「両方手焼けず」という結果がでたため、やはり「中分」という裁決が下されている[26]。また、同じような内容をもつ規定は、戦国大名六角氏が定めたと考えられている二三ヵ条の成文法のなかにも確認できる[27]。そこでは、

一、右、起請の時、両方失《しつ》なくば、その論所《ろんしょ》中分あるべし。

と規定され、ここでも「起請」（ここでは鉄火起請か）の際に「両方」に「失」（異常）がなければ「論所」（係争地）を「中分」する、と定められている。このように、室町時代の村落間相論で足利義教

が採用した「折中の法」は、たまたまの思いつきだったのではなく、その後の戦国時代までも十分に支持されうる判断だったのである。

ちなみに、念のため言い添えておくと、足利義教個人は「籤引き」という神判により室町殿に選考されたという特異な経歴をもつことから、紛争処理に籤引きや湯起請などの神判を多用したがる悪癖があるほどで、決して「折中の法」の良き信奉者ではなかった[28]。しかし、そんな彼も室町殿に就任してすぐの正長元年（一四二八）五月、ある問題の処理に籤引きを採用しようとしたところ、護持僧《ごじそう》の満済《まんさい》の主張する「折中の御沙汰」によって論破されてしまい、ひっくり返されてしまったという苦い経験をもっている[29]。のちに歴代室町殿のなかで最も専制的な力を手にすることになる義教であるが、その彼をしても「折中の法」のもつ同時代的な説得力には一度ならず従わなければならなかったわけである。ここからも、いかに「折中の法」が当時、強い支持をうけていたかがうかがえよう。

中世人の心性を最も反映させた法

では、そもそも、なぜそこまでに「折中の法」は中世の人々から支持されたのだろうか。「折中の法」について先駆的な分析を行った笠松宏至《かさまつひろし》氏は、その結論として、なにかもめごとがおきたとき中世の人々は、一方が全面的に正しく、他方が全面的に悪いはずだとは、必ずしも考えていなかったのではないか、という推測をしている[30]。人々は、争いになる以上、いずれの側にもなんらかの正しさがあり、また同時に、なんらかの落ち度があるにちがいないという認識を共有しており、その認識のもと、一方に全面的な「理」を、他方に全面的な「非」をあたえるような明快な裁きよりも、双方の主張のあいだをとる「折中の儀」を最善策と考えたのではないか、というのである。興味深いことに、同じような指摘は中世ヨーロッパ史研究においてもなされている。そこでは「同意は法律に、和解は判決に勝る」という当時の法諺《ほうげん》が示すように、一方だけが確定的に勝利する裁判による判決は決して望ましいものではなく、むしろ「争っている当事者を仲直りさせ、共同体のさまざまな社会的絆を維持し、作り上げることに貢献」することの方が「真の平和」のありかたであると考えられていたという[31]。

現代社会においては、黒白のつけられない決着、つまりは灰色の決着というものを政治的な取引や妥協の産物とみなして、少なくとも公的な場においては歓迎されることはない。しかし、どうも洋の東西を問わず中世社会に生きる人々にとっては「真実」や「善悪」の究明などはどうでもよく、むしろ彼らは紛争によって失われてしまった社会秩序をもとの状態にもどすことに最大の価値を求めていたようなのである。だとすれば、「折中の法」こそは、その実現のために生み出された当時の人々の経験知の産物といえるだろう。そして、その「折中の法」を生み出した背景には、当時の人々の心性に根づいていた衡平感覚や相殺主義に対する細心の配慮があったこともまた疑いないだろう。つまり、中世社会の衡平感覚や相殺主義は、喧嘩や復讐といった極限的な状況にとどまらず、中世の人々の思想の深部にまで、想像以上に深く根を下ろしていたのである。そしてまた、「黒白を明らかにしない」「玉虫色」「足して二で割る」という第三者にははなはだ不明瞭な解決法の多用が、現代にいたるまで良くも悪くも日本人の特質としてしばしば指摘されることを考えると、案外、その影響は、いまを生きる私たちにも決して無縁なものではないのかもしれない。

以上、中世の人々の心性を規定していた衡平感覚や相殺主義と、そこから生み出された、足して二で割る「折中の法」についてのあらましを紹介した。このような事実を踏まえて考えてみれば、これらが本書の主題である喧嘩両成敗法の思想の源泉であったことは、読者には容易に理解できるのではないだろうか[32]。かつての通説では、喧嘩両成敗法が問答無用に当事者双方に対して両成敗を行うという点から、戦国大名が創出したきわめて武断的・専制的な法であることが再三強調されていた。しかし、喧嘩両成敗といっても、この時代の史料を見渡すかぎり、喧嘩の当事者の一方が落命してしまった場合は、残る一方の者のみを「成敗」するというのが、その一般的なありかただった。こうした事実からも、喧嘩両成敗の主眼が決して威圧や威嚇にあるのではなく、むしろ両者の損害を衡平にすることに置かれていたことがわかるだろう。

そして、現実にも両成敗的措置を採用した法の存在は、戦国時代どころか、はるか以前に遡る。たとえば、両成敗的規定だけをいえば、寺院法では早くも平安末期の元暦元年（一一八四）七月の大和国内山永久寺《うちやまえいきゅうじ》定書《さだめがき》に「一、もし当山の僧徒、口論・取合《とりあい》いたすほどの闘諍《とうじょう》、出来《しゅったい》あるのときは、是非の子細を論ずべからず、かの両人を早く山内より追却すべき事」という規定がみられる[33]。また、室町期に入ってからも、応永一三年（一四〇六）の但馬国《たじまのくに》（兵庫県北部）大明寺《だいみょうじ》規式《しき》などでは「一、もし闘諍人《とうじょうにん》あらば、理非を論ぜず、ともに出院《しゅついん》（寺外追放）すべし」という規定が確認できる[34]。さらに「成敗」の語義を狭く死罪に限定しても、応永二一年（一四一四）の肥前国《ひぜんのくに》（佐賀・長崎県）五島《ごとう》住人等一揆《じゅうにんらいっき》契状《けいじょう》という国人一揆《こくじんいっき》の法のなかに「一、喧嘩・闘諍いできたらん時は、親子に限るまじく候、両方二人お失い申すべく候」（喧嘩をした場合、親子関係にあるものでなくても構わないので、双方から二人ずつ死罪にする）という規定が確認できる[35]。こうした広範な受容実態から考えても、当事者双方の損害を等価にする「両成敗」という処置は、衡平感覚や相殺主義を共有していた中世社会の人々にしてみれば、むしろ受け入れやすいものだったというべきだろう。たしかに喧嘩両成敗法には、現代から見れば非理性的で暴力的なところがあるのは否定できない。しかし、それは、なにも戦国大名の特質だけを示すものではなく、むしろ本質的には、それを生み出した中世社会の特質を反映したものだったのである。

つまり、喧嘩両成敗法は、戦国大名がなにもないところから独創したわけでもなければ、さほど「画期的」な法でもなかった。それ自体、中世社会の「折中の法」に由来する、いたって伝統ある法だったのである。その意味で、喧嘩両成敗法は紛れもなく「中世」のなかから生まれた法なのであった。

4 中人制と解死人制

奇妙な紛争解決法

中世の人々のもつ衡平感覚や相殺主義や、それをより高い法思想にまで高めた「折中の法」は、現実の紛争の場では、喧嘩両成敗法の成立以前にも、紛争を収束させるいくつかの法慣習を自生的に成立させていた。なかでも研究史上有名なのが、中人制《ちゅうにんせい》と解死人制《げしにんせい》とよばれる、ふたつの紛争解決慣行である。以下では、それらの慣行の興味深いシステムと、そこに孕まれた問題点を確認することで、喧嘩両成敗法が生まれてこなければならなかった背景を、さらに考えてゆくことにしよう。

　まず、中人制とは、「中人《ちゅうにん》（仲人）」とよばれる第三者が紛争の調停を行い、和解を周旋する慣行である[36]。もちろん現代社会でもトラブルが訴訟にまでは至らず、周囲の者のとりなしにより当事者間の示談に至るというケースは多々みられる。しかし、中世社会における中人制は、上は大名間から下は百姓間まで社会のさまざまな階層の紛争について確認され、その影響力の大きさたるや、とても現代社会の示談や私的和解と比較になるものではない。そもそも、現在、史料として私たちのまえに残されている中世社会の多くの訴訟事例自体、ほとんどの場合、それが公権力の裁判に委ねられた結果、残されたものにすぎない。そのため研究者の間では、それら多くの訴訟事例の背後には、そこまで至らずに、この中人制によって地域社会内部で解決させられたという事例が、さらに無数に広がっていたであろうと想定されている。

　また、中人の行う調停行為は、それ自体、しばしば史料中には「折中」と書かれている。このことから彼らの行う調停行為が、中世人の基本的な価値基準である「折中の法」に基づくものであったことも同じく推測されている。たとえば「茶壺」という狂言には、市場で茶壺を盗んだ者と盗まれた者がたがいに茶壺の所有権を主張しあった結果、たまたま通りかかった「所《ところ》の検断殿《けんだんどの》」（地域の支配者）にその「利非《（ママ）》」の判断を委ねるという場面がでてくる[37]。ここで、双方の意見に正否をつけられない「所の検断殿」は、最後に「むかしより論ずる物は中《なか》から取れといふ」という格言を持ち出して、けっきょく係争物である茶壺を自分が没収してしまうのである。もちろん、この笑い話をそのまま史実とみなすことはできないが、ここからは地域のトラブルを解決するうえで、「論ずる物は中から取れ」という「中分」の思想が一定の説得力をもっていたことがじつに顕著にうかがえる。中人となった者たちは真偽や善悪の判定よりも、紛争当事者双方の顔が立つように取り計らい、地域の秩序がまた元のように回復されるのを最善と考え、奔走したのである。その意味で、やはり中人制についても、喧嘩両成敗法と同じく、中世の人々が共有していた衡平感覚や相殺主義にその由来を求めることができるだろう。

なお余談であるが、この中人制は、その後の社会にあたえた影響も甚大なものがあった。とかく強大に見られがちな戦国大名の裁判権すらも、現在の研究では、中人制による第三者調停の立場を足場のひとつにして確立されたものであると考えられている。最初は公平な第三者を装いながらも、いつのまにか一人前の公権力に成長していってしまう戦国大名の先行きを念頭に置くと、狂言「茶壺」で中人を装いながら、最後はまんまと茶壺を我が物にしてしまう「所の検断殿」の姿も、あながち悪い冗談ではないのかもしれない。

さて、残るもう一方の解死人制とは、加害者側の集団から被害者側の集団に対して、「解死人《げしにん》（下死人・下手人）」とよばれる謝罪の意を表す人間を差し出すという紛争解決慣行である[38]。本来なら、この解死人には、直接に手を下した犯人がなるべきもので、それを被害者側に送致するということは、他ならぬ、その人物の処刑を被害者側に委ねるという意味をもっていたらしい。しかし、すでに早くは平安時代から、解死人になる者は直接に手を下した犯人、その人ではなく、その犯人と同一の社会集団に属している者なら誰でも身代わりになって構わないというのが一般的な通念になっていた[39]。また、解死人を引き渡された側もその解死人を処刑することはせず、原則的には解死人の顔を「見る」

ことで名誉心を満たし解死人はそのまま解放されるべきものとされていた。そもそもが犯罪の実行者を意味する「下手人」という語が、時代が下るにしたがって、死をまのかれることを意味すると思われる「解死人」や、派遣されることのみを意味するような「下使人」という文字で表記されるようになること自体、その意味するところの変化を反映しているといえよう。そして、そのさい、ここでも大事なのは被害者側の衡平感覚であった。つまり、解死人制は復讐を儀礼的なかたちに昇華させることで、その被害者側の衡平感覚を満たす役割を担っていたのである。

具体例をあげよう。永享一三年（一四四一）正月、京都で大内持世《おおうちもちよ》の小者《こもの》（下級の被官）が赤松教弘《あかまつのりひろ》の小者に斬られるという事件がおきている[40]。このことを知った大内持世は、このときもすぐに赤松満政の邸宅に押し寄せ、復讐を実行しようとしている。しかし、このとき事態を聞きつけた管領の細川持之が「中に入《なか》」って、すぐに両者を宥めたという。細川持之は管領という幕府の重要役職にはあるものの、ここでの彼の活動はその職権にもとづくものではなく、まさに第三者調停としての中人としての活動である。そして、ここで「中に入」った細川は、赤松から大内に対して「下使人《げしにん》」を差し出すように説得し、これにより両家の紛争は無事「落居《らっきょ》」となったという。ここでは中人制と解死人制が連動することで、紛争が大規模な実力行使や室町殿を巻き込んでの訴訟沙汰になるまえに未然に解決をみているのである。そして、このようなことは、さして珍しいことではなく、当時はさまざまな地域で同じようなことが日常的にしばしば見られたのであった。ここからも、中人制や解死人制が室町社会の秩序維持に果たした役割がいかに大きかったかが理解できるだろう。

損な役まわり

しかし、そうした中人制や解死人制にもやはり限界はあった。長禄二年（一四五八）一一月、奈良で田楽法師《でんがくほうし》一座と猿楽師一座が激烈な乱闘事件をおこしている[41]。その原因は、田楽一座が猿楽一座の既得権を犯し、前日の春日若宮の「後日《ごにち》の能」で「面《めん》」をつけて猿楽を演じてしまったことにあった。猿楽一座はこれに抗議し、田楽一座の宿にまで押しかけたところ、押し問答のすえ、猿楽一座の者が田楽一座の使った例の「面」を奪い取り、無惨にも打ち壊してしまった。「面」は猿楽一座にとっては「座」のシンボルでもあった[42]。そのため、これにより大乱闘に火がついた。このときも、ただちに実専《じっせん》という興福寺の僧侶が「仲人」として両者のあいだに割って入ったのだが、もはや騒ぎは一人の僧によって止められるようなものではなくなっていた。けっきょく実専は乱闘のなか、どこからともなく飛んできた矢に当たり、気の毒にも死んでしまった。その後も、矢を放ったのが田楽法師の側なのか猿楽師の側なのかも、とうとうわからずじまいだったという。よかれと思って名乗りでた実専の調停は完全に裏目に出て、彼の死はけっきょく無駄死にになってしまったのである。

こうしたことはよくあることだったらしく、喧嘩の「仲人」に入った僧侶が殺害されるという同じような事件は、やはり奈良で文亀二年（一五〇二）六月にもおきている[43]。そんなこともあって、戦国時代、近江国（滋賀県）の一向宗寺院である本福寺の僧が書き残した『本福寺跡書《ほんぷくじあとがき》』という書物には、「人のことを扱《あつか》はば、酒手《さかて》三升の値《あたい》なくば綺《いろ》うぞ」――人のもめごとの仲裁をしようと思ったら、仲直りの酒宴のための酒三升分（当事者二人分の二升＋自分の一升）の出費を覚悟しないと、もめごとは収まらないぞ（つまりは、紛争の仲裁はそれなりの覚悟をしてのぞめ）という格言を引用しながら、以下のように子孫に忠告している[44]。

これは物のいる一大事、また逃れえぬ恨み述懐《しゅつかい》、偏執《へんしゅう》扱《あつか》い、負公事《おいくじ》の一大事どもあるなり。まことに扱はんと思はば、人に扱わせて、よそながら知らぬ顔にて扱ふべきなり。

——紛争の仲裁は、なにかと費用がかかるし、偏った仲裁によって逆恨みを買う危険もある。本当に仲裁をしようと思ったならば、他人を表に立てて仲裁をさせて、自分は無関係なふりをして仲裁の手伝いをするぐらいがよいぞ。

中人ほど馬鹿らしいものはない、それでも、もしやりたいというのなら、うまく他人に押しつけるようにしろ、という趣旨である。いったい、なんと姑息な処世訓だろう。しかし、それも、これだけ多くの紛争が惹起されていた時代、それに巻き込まれて中人すらも命を落とすことがしばしばあった時代なればこそ、生まれるべくして生まれてきた人生哲学というべきだろう。中人制が室町・戦国期の社会で紛争解決に果たした役割はまちがいなく大きいが、一方で、中人になるものにはそれだけ大きな危険がともなっていたのである。

将軍も手を焼くトラブル

危険の度合いということでいえば、解死人制も決して完璧な紛争解決策ではなかった。なかでも、文安五年（一四四八）七月におきた阿波細川家と飯尾《いのお》家のあいだの解死人のやりとりは、そこにいたるまでの室町殿をも巻き込んだ一触即発の駆け引きの経緯がうかがえる稀有な事例である[45]。

話は、七条某という侍の小者が一人、夕刻の二条西洞院《にじょうにしのとういん》で「辻切《つじぎり》」に遭い、殺害されるというところからはじまる。この小者は当時一六〜一七歳だったが、「優美の物なり」といわれるような美少年だった。室町時代は、上は室町殿から下は一般庶民まで、同性愛が大きな広がりをもっていた時代である。彼はその容貌を買われて、最近、七条家に召抱えられたのだが、それ以前は幕府奉行人である飯尾為行《いのおためゆき》に仕えていたという。このように主人の同性愛の対象として自身の容姿を売りにして諸家中を渡り歩く児小姓《ちごこしょう》の存在は、江戸時代にもその存在が知られているが[46]、類似の存在はすでに室町時代から存在していたのである。しかも、江戸時代の児小姓の争奪がよく大名間のトラブルの原因となったように、室町時代の彼らの存在も往々にしてトラブルを生み出すもとになった。現に、この小者には母親がいたが、その母親はすぐに七条某の邸宅に駆け込んで、息子を「辻切」したのは、もとの主人である飯尾為行にちがいない、と取り乱して泣き叫んだという。これを聞いて、七条には思い当たるふしがあったらしく、その夜のうちに飯尾邸を襲撃する準備をはじめたのである。

ただ、このことを知った七条の主人である阿波細川家の当主、細川持常《ほそかわもちつね》は、さすがに七条の軽挙を戒め、かわりに自分が表に立って飯尾に抗議を行うと言い出した。かくして、れっきとした大名である細川持常が乗り出して、飯尾家との交渉がはじまった。しかし、今度のことは、当の飯尾には本当に身に覚えのないことだったらしい。飯尾側からは、その夜の明けぬうちに弁明の使者として為行の子の飯尾四郎右衛門《いのおしろうえもん》と、同族の飯尾為種《いのおためたね》の二人が阿波細川屋形を訪れた。しかし、持常は奥で大酒を呑んでいるようすで一向に姿を見せず、ただ一方的に解死人を差し出せという要求が伝えられるばかりで、とうとう二人は持常に対面する機会もあたえられないまま、屋形から追い出されてしまったのである。このとき、若年である四郎右衛門は、この不当な扱いに耐えられず「下手人を出され候へと、讃州（細川持常）より催促ありといへども、我が沙汰せぬうえは進《まい》らすべからず候。支証あらば給て、治定のとき、下手人を進すべきか」——解死人を出せ出せというが、やってもいないことに解死人を出すわけにはまいりませぬ、証拠でも見せていただき、それがまちがいないというのなら、お望みどおり解死人を出しましょう、と捨て台詞を吐いたという。

飯尾側に解死人を出す気がないのを悟った持常は、このことを時の管領であり、阿波細川家の本家にあたる細川勝元に訴え出た。そのため、飯尾家に対しては、さらに管領細川勝元の名で「存知せぬとてつかへてあれば、公事《くじ》いまだ落居《らっきょ》せざるなり。たとひ存知せずとも、下手人を出して、無為ならば苦しからぬ」——知らない知らないと言い張ってばかりではもめごとは一向に決着がつかない、たとえ知らなくとも、解死人の一人でも差し出して、それで決着がつくならば、それがいいではないか、という、なんとも理不尽な説得までが行われるようになった。勝元が同族である阿波細川家の肩を持っていることはいうまでもない。そうである以上、いくら管領の要求とはいえ、これにはさすがの飯尾も従えない。すると、勝元はこんどは室町殿、足利義政を動かして、くだんの二人の使者を再び室町御所まで呼びつけて、室町殿による説得を試みた。しかし、ここでも飯尾四郎右衛門らは室町殿の御前も憚らず、「一向存知《いっこうぞんち》せぬことに、かくのごとく責められ候とて、下手人を出し候へば、已前《いぜん》の題目落居《だいもくらっきょ》か。しからずといへども下手人を出たると候はば、向後《きょうこう》天下の引懸《ひっかけ》となりて、弓矢の道に欠け候」——まったく身に覚えのないことについて、このように責められて解死人を出したところで、それで問題は解決するのでしょうか、そうではなくとも当家が身に覚えのないことに解死人を出したということになれば、それが今後に天下の先例となってしまい「弓矢の道」に差しさわりが出ることでしょう、と、あくまでその要求を突っぱねた。この場合は、まったく身に覚えのないことに対して解死人を出すことを迫られているという理不尽な事情もあるとはいえ、ここまでのやりとりからも、解死人を出すということは、たんに形骸化した儀礼ではなく、「弓矢の道」に生きる当事者にとっては、それがいかに重大な問題であったかということがわかるだろう。

けっきょく、それでも勝元は飯尾に解死人を出させることをあきらめず、再三にわたって室町殿の名前で飯尾為行に対して執拗に政治的圧力を加えつづけた。これには飯尾為行もさすがに根負けしてしまい、とうとう事件の翌々日の夜、飯尾家から解死人が出されることになった。とはいえ、勝元としてもこれまでの経緯を尊重して飯尾家の顔を立て、解死人の身柄は直接に阿波細川家には送致されず、最初に飯尾家から室町御所に送られ、つぎに室町殿からさらに二人の使者を添えたうえで管領家に送られ、しかるのち管領家から阿波細川家に送られるという慎重な手続きがとられることになった。ここからも解死人制がいかに微妙な気配りによって成り立っていたかがよくうかがえよう。かくして、待望の解死人が自邸に送致されたことを見届けた細川持常は、ようやくこれに満足し、その後は慣習に従い、そのまま解死人を無傷のまま飯尾邸に送り返した。室町殿までをも巻き込んだ両家の対立は、ここに一応の終止符を打ったのである。

しかし、一方で、この決着に割り切れぬ思いを抱いている人物がいないわけではなかった。そのうちの一人が、細川一族の不当な横槍に対して弁明役に終始し、最後は室町殿の面前で啖呵まで切った飯尾四郎右衛門である。彼には、どうにもこの不当な決着が納得できなかった。けっきょく、彼は解死人が飯尾家に無事送り返されてきた翌朝、世をはかなんで髻《もとどり》を切り、いずこともなく失踪してしまったのである。なにもそこまで、と私たちには思えるようなことだが、当時の人々は、この彼の誇り高い振る舞いに喝采を送ったという。

そして、この決着に不満を抱いたもう一人の人物が、最初に殺害された美少年の主人、七条某だった。阿波細川家と飯尾家双方の対立には一応の決着がついたとはいえ、すでにその時点で最初の美少年暗殺事件から五日間もの日数が経過してしまっていた。たしかに、彼は途中で問題解決を主人である細川持常に一任してしまったのだから仕方ないことなのだが、その後、両家の対立が彼の意図しないところへ向かってゆくなかで、彼の存在は完全にとり残されることになってしまったのである。そして、両家の体面だけが議論の焦点となったことで、かの美少年を殺害した真犯人が誰であるかわからないまま、事件はうやむやの決着がつけられてしまったのである。しかも、飯尾家からの解死人も主家である阿波細川家に届けられただけで、自分のところにはまったく詫びのひとつもなかった。このことに七条は憤り、主人である持常に対しても最後の最後まで猛烈な抗議を行っている。さすがの持常も彼を宥めるためには、その後、だいぶ骨を折ったようである。

ルール違反

以上のように、一方で解死人制は、謝罪して解死人を送る側にとっても、解死人を迎えることで復讐心を鎮めようとする側にとっても、少なからず割り切れない感情のしこりを残す、なかなか厄介なものだった。そして室町時代人のなかには、その割り切れない気持ちを整理できないまま、怒りを暴発させてしまう者も、決して少なくはなかった。

宝徳三年（一四五一）九月には、管領である畠山持国の被官が、侍所である京極持清《きょうごくもちきよ》の被官を勝手に殺害してしまうという事件がおきている[47]。このとき京極は、最初は穏便に使者を通じて畠山に抗議を申し入れ、当事者を処罰するようにと申し入れている。しかし、畠山の側がこれになんの返答も行わなかったことが、かえって京極の怒りに油を注いでしまった。これにより、例によって京極は畠山屋形襲撃を準備することになる。ただ、このときは、細川典厩家の細川道賢が駆け込んで中人を買って出たことで事態は大事にはいたらず、けっきょく細川道賢の仲裁のもと、畠山側から京極側に解死人が送られ、両者は和解する、ということになった。

しかし、最初の抗議申し入れを無視された京極持清の怒りと不信感は容易に鎮まるものではなかった。そのため京極は、畠山から送られてきた解死人を生かして帰さず、ついには、その場で斬り捨ててしまったのである。この京極持清による解死人殺害という行為は同時代的な常識からしても決して許されるものではなく、このことを日記に記した中原康富も彼に非難の言葉を浴びせている。しかし、こうしたことは、当時、ときおり起こりうる事態でもあった。

このほか、大名当主は矛を収めても、家中の者たちの怒りが収まらない、という状況なども当然ありえた。詳しい時期は不明だが、室町期に鎌倉公方《かまくらくぼう》が治めていた鎌倉では、上杉氏と武田氏のあいだで起きた喧嘩を収束させるため、上杉から武田に解死人が送られることになった（当時、両家とも鎌倉に在住していたらしい）[48]。しかし、怒りの収まらない武田の被官の一人が、送られてきた上杉の解死人を、ここでも勝手に殺害してしまったのである。このため上杉の家中ではこれを宣戦布告行為と受けとって、すぐに合戦の準備を整えることになる。これに対し、上杉の当主は「武田が解死人を切る事、子細あるべし。しばらく勢遣《せいづかい》を相待つべし」――武田が解死人を斬ったのはなにか訳があるのだろう、しばらく出陣は待とう、と言って、必死に家中の怒りを宥めている。すると、上杉の屋形に、武田の当主自らが「烏帽子上下《えぼしかみしも》」の正装で走り込んで、「未練《みれん》の者ども召し仕《つか》ひ候あひだ、解死人を我らに聞かず切りて候。しかるあひだその主を搦《から》め捕《と》らえ置き候。生涯《しょうがい》させ候はんずるや。このこと東八ケ国の御法《ごほう》に定まるべきにて候」――未熟者を召し使っておりましたので、解死人を勝手に斬ってしまいました、しかたないのでその者の上司を捕縛しました、かわりに処刑いたしましょうか、これは関八州の「御法」でございますから、と言って、最敬礼で謝罪を行ったという。血の気の多い被官たちに推戴されると、大名当主もそれを制御するのが一苦労だった。

なお、のちに室町幕府は、この事件を引用しつつ、「解死人を引く事、惣《そう》じて昔よりこれある法なり」と、慣行としての解死人制自体は尊重しながらも、「解死人を切る事の法にも定めず、また切らざるにも定めず候なり」と述べて、解死人は殺害してもよいとも、いけないとも、そうした制定法は存在しない、と、類似事件に対する正否の判断を拒絶してしまっている。送られてきた解死人は殺害するべきではない、とする漠然としたマナーはあったものの、それは決して絶対の価値基準ではなかった。いきおい、こうした解死人制のマナー逸脱事件も後を絶たなかったのである。本来、紛争自体には無関係であったはずの戦国大名や統一政権といった上位権力が、最終的には喧嘩両成敗という措置を掲げて紛争に介入してくるという素地も、けっきょくのところ、こうした慣行自体がもっていた不安定性にあったといえる。

第六章
復讐の衝動
――もうひとつの紛争解決策

1 能「正儀世守」を読む

なぜ喧嘩両成敗なのか

前章で述べたとおり、喧嘩両成敗法は、専制的や武断的であるどころか、紛争処理法としては、むしろ同時代的にはそれなりに人々の合意を得やすいものであった。戦国大名は紛争の調停者として、そうした多くの人々が納得しやすい処置を、中世以来の慣行のなかから採用したのである。

しかし、とはいえ当時の人々も、さすがに喧嘩両成敗法を唯一絶対の紛争解決策とは考えていなかった。現に両成敗以外にも、中世社会には籤引きや湯起請をはじめとして多種多様な紛争解決策が存在していた。前章で紹介した事例の多くがそうであったように、当時においても両成敗的措置や中分が切望されるのは、あくまで双方の正当性が拮抗し、いずれの主張も甲乙つけがたい場合であって、人々はなにも最初から両成敗を唯一絶対のものとして優先していたわけではなかったのである。おそらくは中世に生きた人々も喧嘩両成敗法がもつ理不尽さにある程度の自覚があって、その採用には一定の躊躇があったのだろう。また、現在確認される最初期の喧嘩両成敗法というのは、肥前国《ひぜんのくに》（佐賀・長崎両県）五島住人等一揆《ごとうじゅうにんらいっき》契状《けいじょう》や大和国（奈良県）内山永久寺定書《うちやまえいきゅうじさだめがき》・但馬国《たじまのくに》（兵庫県北部）大明寺《だいみょうじ》規式《しき》など、いずれも「一揆」（一味同心・一味和合）的な結合を母体にして生まれたものばかりである。これも、当時の社会において喧嘩両成敗を実現しようとした場合、個々人の利害を止揚した「一揆」という強烈で特殊な結束を前提にしなければならなかったことを如実に物語っているといえよう[1]。

だが一方で、一五世紀後半以降になると、戦国大名の分国法を待たずとも日本社会に紛争解決策として両成敗的な措置が比較的多くみられるようになってゆくのも、また厳然たる事実である。では、他にも紛争解決法があったにもかかわらず、なぜ人々はしだいに喧嘩両成敗に傾斜していってしまったのだろうか。それは問い方を変えるなら、そもそも中世社会が生み出した両成敗以外の紛争解決策が人々の支持をうけることなく潰えてしまったのには、どのような欠陥があったからなのか、という問題でもある。同じようなアプローチは、すでに前章の中人制と解死人制の分析でも試みており、そこでは、それらの慣行のもつ制度的な不安定性に原因を求めた。本章では、もう一例として室町幕府が志向した喧嘩両成敗以外の紛争解決策を分析することで、それがどのような問題を抱えるものであったのかを、さらに明らかにしてみたい。そのことによって、逆に室町の人々が喧嘩両成敗法に期待した特性や、同時代の紛争解決策と比較したときの喧嘩両成敗法の特殊性も、より詳しく浮き彫りになってゆくはずである。

忘れられた作品

室町時代に起源をもつ演劇である能や狂言は、近年、多くの実力ある若手スターたちが登場してきたことで再び多くの人々の脚光を浴びる芸能となってきている。このうち、現在では番外曲とされている能の演目に、「正儀世守《しょうぎせいしゅ》」という作品がある。これは中国に舞台をかりたフィクションで、父の敵である大臣を討った正儀と世守という二人の兄弟が刑場に曳かれてゆくのを、兄弟の母が官人と論争のすえ助け出す、という短い物語である。現在ではかろうじて台本だけが伝わっており、演じられることもなく忘れ去られてしまった作品ではあるが、最近、この物語のプロットに前代の国内の説話や中国説話からの系譜や、後代の古浄瑠璃にあたえた影響などが確認できることから、能楽史研究や文学史研究において注目を浴びている[2]。

この作品の現在に伝わる最も古い写本は通称「野坂本《のさかぼん》」とよばれるもので、天正年間（一五七三〜九二）のものである。しかし、最古の上演記録は天文一九年（一五五〇）まで遡るうえ[3]、天文六年（一五三七）の作とされる『自家伝抄《じかでんしょう》』には「正儀世守」が宮増《みやます》の作として紹介されている。ここから、本作は少なくとも天文六年には成立していたことがまちがいなく、また『自家伝抄』の記載を信じれば、宮増は一五世紀中頃の人物であるから、本作の成立もさらにその頃まで遡ると見られている。とすれば、本作自体はもちろんフィクションではあるものの、この作品のなかから室町時代人の思考様式を抽出することには、さほど問題はないだろう。とくに本書の主題からすれば、敵討の正当性をめぐっての母親と官人の議論の応酬は、この時代の人々の紛争解決策を考えるうえでも、格好の「史料」とすることができるだろう。ここでは、能楽史研究や文学史研究の成果に学びながら、歴史学の視点からこの作品を読んでみることにしたい。

論争の発端

まずは物語の冒頭、処刑場に母が駆けつけ、官人との論争に火がつく場面を、以下、現代語訳で読んでいただきたい[4]。

官人「どうしたのだ、そこの女。なぜ大事な処刑の場に参ったのだ」
母（涙ながらに）「どうして彼らは処刑されなければならないのですか」
官人「今夜、内裏に忍び込んで左大臣殿を討った罪により、彼らは処刑されるのだ」
母「しかし、その大臣殿は彼らにとっては『親の敵』ではございませんか」
官人「そのとおりだ。たしかに『親のかたき』であるぞ」
母「ならば、『親のかたきを討ちたる者をば、陣の口をさへ許さるゝ』という『たとへ』があるではないですか」
官人「それはそうではあるが、『この国の大法』では『人を討ちたるものをば助けぬ法』というものがある」
母「人を討った者を助けぬというのなら、彼らの父を討った大臣殿はなぜいままで助けられているのですか」

この場面では、母親が「親のかたきを討ちたる者をば、陣の口をさへ許さるゝ」という「たとへ」（先例）を持ち出して兄弟の親敵討を正当化する一方で、官人は「人を討ちたるものをば助けぬ法」という「この国の大法」を持ち出し、あくまで兄弟の処刑を実行しようとしている。注意すべき点は、それぞれの主張はただ感情的に行われているわけではなく、双方が「たとへ」と「この国の大法」という相互に相反する法慣習を引用し、それをもとに双方の行為の正当化が行われているという点である。

このうち母親が引用した「親のかたきを討ちたる者をば、陣の口をさへ許さるゝ」という「たとへ」は、親敵討を正当化する論理として非常に興味深い。ただ、この文句は、これまでは他に用例がまったく確認できないことから、校注者や研究者を悩ましてきた箇所のひとつでもある。とくに「陣の口をさへ許さるゝ」の解釈については「先陣を特許せらるゝを云ふ」[5]とか、「門の番人の居る所を陣と云ふから、通行御免の意か」[6]など、校注者によって区々の解釈がなされてきた。しかし、管見では『康富記』の応永二四年（一四一七）八月二〇日条の親敵討事件をめぐって、記主の中原康富が「親敵と云々。しからば神妙の至りか。ただしかくのごとき仮事つねにあるのあひだ、信ずるに及ばず。その儀なくんば、陣口を嫌わざるは本自《もとより》なり（親敵であるとしたならば感心なことである。ただしそのようなウソはよくあるのでにわかに信じられない。しかし、もし本当だとすれば『陣口を嫌わない』のは当然のことである）」と述べているのが確認できる[7]。ここから、親敵を討った者が「陣の口をさへ許さるゝ」という、この文句は、一五世紀前半の社会の常套句であったことはまちがいないだろう。おそらく他に用例が確認できないことからすれば、この時期に一過性に流行して、すぐに廃れてしまった諺の一種である可能性が高い。だとすれば、一五世紀前半だけに流行した諺が作中に取り入れられていると いう点からしても、本作品の成立時期が一五世紀前〜中期である可能性はかぎりなく高いといえよう。

問題は、その意味するところである。古来、里内裏を中心とした三町四方を大内裏に擬して「陣中」といい、そこでは臣下の乗車・乗馬通行が禁じられていた。「陣口」とは、その陣中への入り口であり、臣下の下乗地点を意味していた[8]。とくに正儀・世守の兄弟は「内裏」に忍び込んで敵の左大臣を殺害しているのだから、その文脈からすれば、「陣の口をさへ許さるゝ」とか「陣口を嫌わざる」というのは一般的な「通行御免」などではなく、準聖域である「陣中」であろうと復讐が許容される、という意味に解するべきだろう。つまり、「人を討ちたるものをば助けぬ法」という「この国の大法」を振りかざす官人に対して、この母親は、「親敵討をする者は内裏の聖域性すらも問題にならない」という趣旨の当時の格言を持ち出すことで対抗しようとしたのである。

「殺人者は死罪にされるべき」という思想と「親敵討は無罪放免」という思想、このふたつの「常識」の拮抗は、さきに第五章で見たように、室町期の日本においてはしばしば見られるところであり、当時の人々にも容易に解答のでる問題ではなかった。しかも能楽史や文学史の成果によれば、この場面は「正儀世守」の典拠となった国内外の説話には一切確認できず、あきらかに室町期に「正儀世守」が作成されたときに作者によって付加された部分である。「正儀世守」の作者は、その基本的なプロットを国内の説話や中国説話に借りつつも、そのディテールに同時代の社会が抱えていた矛盾を盛り込むことで、物語に現実的な緊迫感をあたえることを意図していたのであろう。

新たな提案

たがいに相容れないふたつの論理が鋭くぶつかるなかで、このあと物語は、殺人の正当性という問題から被害の多寡という問題に議論の焦点を移してゆく。

官人「そなたの申すところはもっともではあるが、『固《もと》より定まる法例』には……」

母「『一人を討たば』……」

官人「『一人を切り』」
母「『二人を討てば』……」
官人「おう、それは『二人誅する』のよ」
母「では、彼らは何人殺したというのですか」
官人「うむ、それは大臣殿一人を討っただけなのだが……」
母「それでは『その法』に違うではありませぬか。あちらは大臣ただ一人、こちらは彼ら兄弟とその父、あわせて三人。しかも三人の肉親を奪われては、妾《わらわ》とてもこの世にはおられません（自害します）。そうなれば一人のかわりに四人まで失うとは、どういうことですか。これのどこが『憲法の政道』なのですか」

能の独特の掛け合いによって、ここからは「一人を討たば一人を切り、二人を討てば二人誅する」という「固より定まる法例」が、母と官人の双方に共有される「常識」であることが確認される。そこで、母はこの「常識」にもとづき、むこうは大臣一人が殺されただけなのに、こちらは父親と兄弟（そして場合によっては母も）が殺されては、割が合わないと主張する。これも第五章で述べた、同時代の衡平感覚や相殺主義にもとづくものであり、母の主張に一定の同時代的な説得力はある。これにより展開は一気に母の優勢になる。
これに対し、官人は新たな提案を持ち出す。

官人「こうまで理詰めで責められては、この私もどうしようもない。こうなれば、兄弟二人ではなく、二人のうち一人を処刑しよう」

母「あら悲しい。そのようなことでしたら、私を代わりに斬ってください」

官人「なにをいっているのだ。総じて『囚人』に『身代わり』というものはない、下がれ。どうだ正義・世守、どちらでも『本人』が出て斬られるがよい」

官人の提案は、二人を処刑することをせず、大臣を殺害した「本人」一人のみを処刑する、というものであった。これにより議論は被害の多寡の問題から次の問題へと推移してゆく。後に述べるように、この処置は一方で同時代的には説得力のあるものだったらしく、それまで激しく官人の主張に異を唱えてきた母親も、これ自体には反論を行っていない。彼女にできることは、わずかに兄弟の「身代わり」に自分が名乗り出るということだけだった。しかし、その提案も官人によって却下される。他の写本では、官人はこのとき「言語道断。この国の法には、とが人の身がはりはなきぞ」と述べたともされている。

このあと物語は殺人の正当性の問題から離れて、一気に「家族愛」を主題にして展開してゆくことになる。物語は、二人の兄弟のうち、どちらが死罪になるかという流れになるが、兄弟二人はたがいに相手を思いやり、それぞれが自分が処刑されることを望んで引き下がらなかった。そのため官人は母親にどちらか一方を指名するように命じることになる。じつは、この二人の兄弟、長男の正儀は夫と前妻のあいだの子で、次男の世守が夫と自身のあいだの子供であった。しかし、苦悩した母親は意外にも、前妻の子である正儀を助けて、自分の子である世守を処刑するようにと願う。その理由を問う官人に対して、母親は、次男の世守を助けて長男を処刑させれば自分は私情に走ったと思われると述べ、かくなるうえは世守とともに自分も処刑するようにと懇願する。この母親の毅然とした態度に、さすがの官人も深い感銘をうけてしまう。かくして、彼は一存で兄弟の命を助け、処分されるのを覚悟でその旨を帝《みかど》に奏上する。すると、帝もこれに感じ入って、すぐに兄の正儀を「国の主」（国王の地位を譲ったのか、地方の国の長官にしたのか不明）とし、弟の世守を「左の大臣」に取り立て、めでたし、めでたし、と物語は終わる。

「本人」の重み

最後は完全に人情話になってしまったが、この部分は『沙石集《しゃせきしゅう》』などの先行する国内の説話や、『包待制三勘胡蝶夢《ほうたいせいさんかんこちょうのゆめ》』などの中国演劇にほとんど同一の筋書きが確認されており、それらを基礎にして構成されたことが明らかな部分である。そのため、室町時代人の思考様式をこの筋書きから抽出するのはふさわしくない。問題を、それ以前の、二人を処刑せずに大臣を殺害した「本人」一人のみを処刑する、という官人の提案に戻そう。

じつは、ここで母親の反論を封じた「本人」一人のみを処罰するという処置は、ほかならぬ室町幕府が原則的に採用していた紛争処理法であった。とくに室町幕府の場合でも「本人」という言葉がキイ・ワードとして使われており、その場合の「本人」とは喧嘩の張本人、つまり最初に手出しした者を特定する言葉であった。ここで官人の行った提案も、その典拠となった先行する説話にも同じようなものが見られるものの、あえて特別な説明抜きに「本人」という表現を使ったことを考えれば、当時、室町幕府が採用していた紛争処理法を意識したものであることは、まずまちがいないだろう。

これに対し、さしもの母親も異論を唱えることができず、わずかに「身代わり」を名乗りでるのが精一杯であった。ここで「身代わり」を願い出た母親の主張は、さきに述べた同時代の解死人制を意識した主張であることは明らかであろう。その意味では、母親の主張も相応の同時代的説得力をもつものであったといえる。しかし、この母親の「身代わり」の主張は、物語のうえではあっさりと却下されてしまう。それどころか、劇中で母親が「身代わり」を名乗りでるくだりは、先行する国内外の説話や、本書が依拠した版本などには確認できるものの、最古本である「野坂本」にはそれすらが存在しない。どうも成立当初の「正儀世守」では、その典拠とした説話には「身代わり」云々の記述がありながらも、あえてそれを省略することで、官人による「本人」一人の処刑の提案に、より反論の余地のない重みが加えられていたようなのである[9]。とすれば、この物語においては、「本人」一人を処刑するという処置が、敵討や同害報復をめぐる意見対立を最終的に止揚する紛争処理法として、きわめて重要な位置をあたえられていたことになる。ここに、かならずしも喧嘩両成敗法には順接しない、もうひとつの紛争処理法の存在を見出すことができる。

ただし、最古本である野坂本では排除されたはずの母親の身代わりの提案が、その後に流布した版本では復活してしまうのは、どうしたことだろうか。また、なにより江戸期の徳川綱吉《とくがわつなよし》・家宣《いえのぶ》時代の七回の上演以後、「正儀世守」の上演記録は確認できなくなり[10]、現在にいたるまでシテ方五流は本作を所演曲とせず番外曲としてしまっている事実は、なにを物語るのだろうか。そのことは、室町幕府が採用したこの紛争処理法の先行きを暗示しているようにも思われる。以下では、その室町幕府が採用した紛争処理法の現実例を見ることで、いよいよ、その問題を考えてみることにしよう。

2　室町幕府の本人切腹制

まわりくどい手続き

第四章で述べたように、一方で室町幕府は自力救済の慣行に依拠しながら統治を実現していた。ただ、その反面で、意識のうえでは、そこから一歩踏み出そうという志向性を持ち合わせてはいたのも事実である。その室町幕府が自力救済を抑止するために採用した具体的な紛争処理原則が、以下に紹介する「本人切腹制」である[11]。

実例を見てみよう。文明一一年（一四七九）六月、北野社の門前で、一色義直《いっしきよしなお》の被官成吉《なりよし》某という者の下人たちが、門前の藪に生えていた竹の子を盗み取ろうとする事件がおきている[12]。これを発見した北野社の宮仕《みやじ》（下級の神官）たちは、すぐさま彼らの行為を禁じようとしたが、彼らが抵抗したため、両者のあいだでお決まりの大乱闘が繰り広げられることになった。このときの乱闘は成吉の被官たちが優勢だったようで、けっきょく、その場では北野社の宮仕三人が一方的に殺害されてしまったという。これに対して憤激した北野社の他の宮仕たちは、仲間の無念を思い、残らず北野社の社殿に立て籠もり、神社の権威を楯に幕府に抗議を行い、成吉の被官らのしかるべき処分を要求することになる。これをうけて、時の室町殿、足利義尚《あしかがよしひさ》は、久しぶりに現われた政務に熱意ある室町殿であったということもあって、事態に迅速に対処し、成吉某の主人である一色義直に対して「相当の罪」に基づく「成敗」を行うようにと厳命を下す。その結果、境内の竹の子を盗み取り、そもそもの乱闘の原因を作った「本人」である「成吉の寄子《よりこ》（被官）」は成吉の命令で「自害」させられ、その後、主人の成吉自身も「逐電《ちくてん》」（失踪）したという。

さて、すでに説明したように「相当」とは、この時代「同程度の損害」を意味する言葉であった。ならば、北野社の宮仕三人が殺害されたこの事件の「相当の罪」に基づく「成敗」とは、成吉某側の関係者三人の死を求めるものでなくてはならない。しかし、なぜかここでの処罰は、乱闘の原因をつくった「成吉の寄子」一人の「自害」が行われたにすぎない。これでは「相当の罪」に基づく「成敗」とはいえないだろう。ところが、この措置に対して、なぜか北野社の宮仕たちも納得してしまい、直後に北野社の閉籠《へいろう》は解かれ、事件は無事解決している。これは、これまで説明してきた中世社会の同害報復観念からは理解できない事態であろう。しかし、これこそが室町幕府の採用した「本人切腹制」なのである。

この事件から確認できる室町幕府の本人切腹制の特徴は、大きく三点あげられる。まず、なにより一点めは、被害者が何人いたとしても、基本的には直接の原因をつくった「本人」を処罰する、という点である。そして二点めは、その「本人」に対する処罰は、室町殿が直接「本人」に執行するものではなく、あくまでその主人に対して命じる、という点。三点めとしては、最終的には主人の命をうけ「本人」が「自害」（切腹）させられる、という点、である。以上の三つの特徴は、本人切腹制を考えるうえでの重要な構成要素といえる。以下、それぞれに説明を加えてゆこう。

まずは、このうち二点めの、室町殿が「本人」に対して直接に処罰を行わず、その主人を介するかたちで処罰を命じる、という、いささか迂遠《うえん》な処罰の形式をとっている点について説明をしておこう。第三章でも述べたように、室町時代の守護大名の屋形の空間というのは、それ自体、室町殿すらも直接介入できない強い独立性をもっていた。それは守護の被官に対する支配についても同じことで、守護は室町殿の家臣で、守護被官は守護の家臣であるのだから、論理的には室町殿は守護被官に対して直接の支配権を行使することができそうなものなのだが、当時、原則的にそれは許されなかった。応永二三年（一四一六）五月、畠山満家の家人と裏松《うらまつ》（日野《ひの》）義資《よしすけ》の家人が賀茂競馬《かものくらべうま》（上賀茂神社の五月神事）の帰り道で喧嘩になり刃傷沙汰にまでなったときも、室町殿、足利義持はその主人である畠山と裏松に対して「突鼻《とっぴ》」（譴責）を行っているだけで、当事者である家人たちにはなんら処罰は行っていない[13]。

「臣下の臣下は臣ならず」という格言が中世ヨーロッパにはあったが、まさに日本の中世社会も同様で、かりに犯罪者の主人が自分の臣下であったとしても、その主人を飛び越えて、直接に犯罪者に処罰を加えるということは、原則的に室町殿にはできなかったのである。当時の常識として、彼らに出来ることは、自分の臣下である犯罪者の主人に対して犯罪者の処罰を命じるか、その主人の監督責任を問うて主人自身を処罰するかという間接的な方法しかなかったのである。

そしてそれは、守護が自分の被官の又被官《またひかん》を処罰しようとするときも同じであった。そのために、さきの成吉某の被官「本人」を処罰するためには、義尚はまず成吉の主人である一色義直に処罰を命じ、それをうけて一色も成吉を介して成吉被官「本人」の処罰を命じているのである。本人切腹制のまわりくどい手続きは、当時の主従制のあり方に規定されていたのである。

しかし、これは同時代の主従制のあり方からすれば避けられない手続きであり、むしろ当時においては推奨されるべきものですらあった。室町中・後期の最高の知識人の一人である公家の一条兼良《いちじょうかねよし》は、将軍足利義尚にむけて書かれた政治理論書『樵談治要《しょうだんちよう》』のなかで、応仁・文明の乱以降に歴史の表舞台に登場し都市掠奪をほしいままにした「足軽」に対して、彼らを「超過したる悪党」と呼んで、厳しい調子の批判を展開している。これは当時の「足軽」の活動と、それに対する公家たちの蔑視観を物語る史料として有名なもので、しばしば引用される。しかし、あまり知られてはいないが、一条兼良は、足軽の撲滅策として、それに続けて以下のような提案を行っている。

いづれも主のなきものはあるべからず。向後《きょうこう》もかゝることあらば、をのゝゝ主々にかけられて、糺明あるべし。また土民・商人たらば、在地に仰せ付けられて、罪科あるべき制禁を置かれば、千に一もやむ事や侍《はべ》るべき[14]。

――いずれの足軽も主人のいない者はいません。今後もこのようなことがあったならば、それぞれの主人に責任を負わせて断罪されるのがよろしいでしょう。もし足軽が農民や商人だったならば、その「在地」（村や町）に命令して断罪するという法令を制定されたならば、足軽は一〇〇パーセントいなくなるはずです。

主人のいる足軽はその主人の責任を問い、主人の特定できない足軽は帰属する村や町に命令を下せばよい、というこの提案は、武家のイエや、ムラ・マチといった独立した政治主体が多元的に存在する中世社会の特質を踏まえたものであり、当時の足軽撲滅策としては、きわめて現実的な方策と評価できる。さすがは日野富子《ひのとみこ》による「女人政治」すらも肯定する現実主義者であった一条兼良。彼は、ただ足軽の跳梁に慨嘆《がいたん》しているばかりではなく、じつにリアルな対策を脳裏にめぐらしていたのである。室町幕府の行おうとしていた本人切腹制も、個々のイエ支配権を尊重したもので、基本的には、こうした現実路線に沿うものであったといえる。

窮余の一策

つぎに、本人切腹制の三点めの特徴である、最終的な処刑の形態が「切腹」であるという点にも、注意が必要である。というのも、「ハラキリ」というのは、いまや英語にまでなった、日本の〈伝統文化〉であるが、じつをいえば、刑罰として「切腹」が採用されたのは、この室町幕府の本人切腹制がその最初だった。もちろん自害行為としての「切腹」の存在はこれ以前にまでさかのぼるのだが、従来は自害の形態の一つだった「切腹」を喧嘩の当事者に処罰として科すようになったのは、室町幕府をもって元祖とする。つまり、時代劇でよくみられるような、武士が自分の不始末の責任をとって切腹する（あるいは、させられる）というようなことは、室町幕府以前には決して見られないことだったのである。

「切腹」といえば、さきに第一章で細川勝元を殺害しようとした被官をかえって勝元が丁重に扱い、最期は切腹をさせたということが世の人々から賞賛されたという話を紹介した（二四〜二五頁）が、そこからもうかがえるように、当時において切腹はそれなりに栄誉ある死に方と考えられていたようだ。だとすれば、ここで喧嘩の当事者に対して、斬首などではなく、切腹という栄誉ある死があたえられていたという事実は、彼の主家や室町殿が彼らの尊厳を一定程度認めていたことをうかがわせる。これまでみてきたように、当時の人々の激烈な心性は、私たちの想像をはるかに超えたものであり、それにいちど火がつくと、周囲の者たちをも巻き込んでとんでもない大惨事に発展することが多々あった。それに対して、その責任を加害者「本人」だけに負わせることで事態を解決させようという、この室町幕府の本人切腹制には、一方で加害者「本人」の属する集団からも強い反発が予想される。それを回避するためにも、室町殿は、誇り高い私闘・私戦の当事者やその帰属集団への最大限の配慮として「切腹」というかたちをとらねばならなかったのだろう。また、ここでの処罰が所領没収などではなく、切腹というあくまで「個人」の責任を問うものであったということは、当人は死んでも家名の存続は認められた余地が大きく、その点についても当事者一族への配慮がなされていた可能性が高い。いずれにしても、沸騰状態にある紛争当事者やその帰属集団の怒りを鎮めるためには、室町殿とはいえ細心の注意が求められており、そのための窮余の一策が「切腹」だったのである。

もうひとつの路線の模索

しかし、そうした守護や国人たちのイエの強い独立性や、喧嘩の当事者や関係者のプライドに対していくつかの配慮と譲歩を行いながらも、本人切腹制の最大の特徴である、被害者が何人いようとも加害者「本人」のみを処罰する、という第一点めの原則に室町幕府はあくまで固執した。これは、これまで見てきた中世社会の一方の「常識」である「一人を討たば一人を切り、二人を討てば二人誅する」(「正儀世守」)という同害報復の思想とは、もちろん真っ向から対立するものである。しかし、当時、それは必ずしも室町幕府だけが採用した「非常識」な措置でもなかったようだ。

たとえば、永享一一年(一四三九)四月に定められた高野山《こうやさん》金剛峰寺《こんごうぶじ》の僧侶たちの契約状には、以下のような規定がある。

一、自他の被官人等において、自然喧嘩闘諍《とうじょう》により殺害を致さば、理非の糺明におよばず、主々の沙汰として、敵人を誅戮《ちゅうりく》せしめ、人の憤《いきどお》りを止むべし。且《か》つは、これ天下の大法なり。当山もっともこの旨を守るべきものなり[15]。

——もし各自の被官人が喧嘩によって殺人を犯したならば、その場合は「理非の糺明」におよばず、その「主々の沙汰」(主人の判断)で犯人を「誅戮」(処刑)することで「人の憤り」(被害者側の不満)を解消せよ。これは「天下の大法」(一般的な法慣習)でもある。当寺でもこれは厳守されなければならない。

ここでは、被官人が殺人を犯した場合、その主人の判断でその被官人を処刑する、という取り決めが高野山の僧侶たちによって自主的に定められている。これは明らかに室町幕府の本人切腹制に近似した措置といえよう。それにしても、寺院のなかで「喧嘩」「殺害」だ「誅戮」だと、読者にはずいぶん物騒な話と思われるかもしれない。しかし、高野山にかぎらず、当時、寺内に住房をもつような僧侶たちは、例外なく多くの「被官人」を抱えており、それぞれが一人前の武装勢力でもあった。それが高野山という限定された寺域で共同生活を送るのだから、ときにはなんらかのトラブルがおきることもあっただろう。それへの対応策として、主人の責任に基づく当事者の処刑という措置が、ここ高野山でもとられていたのである。

しかも、彼らに言わせれば、「本人」の処刑は「人の憤り」（被害者の不満）を解消するための有効な方途であったし、「天下の大法」（一般的な法慣習）でもあったという。室町幕府が採用したような本人切腹制の思想は、高野山にかぎらず、意外に広い裾野をもっていたということだろう。実際、このほか文亀元年（一五〇一）の細川政元《ほそかわまさもと》の制定法にも、似たような規定は見られる。

一、喧譁《けんか》の事、（中略）いかやうの段これありといへども、まず使者をもって相届け、大法の成敗あるべきよしを申し、もしその相手難渋のとき、上件の子細を申し上げば、それにつき御成敗を加へらるべきものなり。万一御意を加へらるるといへども、なお大法の沙汰いたさずば、これまた御披官を放たれ、所帯を召さるべきなり[16]。

――喧嘩（による殺人事件）については、どんなことがあっても、まず（被害者側が加害者側に）使者を派遣して、「大法の成敗」（加害者本人の処刑）を行うように請求し、それでも加害者側が（処刑を）渋ったならば、その次第を（細川家に）申し上げれば、（細川家が）「御成敗」（処刑要請）を加える。万一、それでも（加害者側が）「大法の沙汰」を行わなければ、（加害者を匿っている主人自身の）細川家の被官としての身分を剝奪し、その所領も没収する。

ここでも、被害者側から加害者側に対して「大法の成敗」（加害者本人の処刑）を求めることが、細川家から推奨されている。そうでもしないと、被害者側は加害者側に対して実力報復におよんでしまう危険があったのだろう。それを抑止する手段として、加害者集団内部での責任ある「本人」の処刑が求められていたのである。そして、それが拒絶された場合、室町幕府が行ったのと同じように、あらためて細川家より加害者側に「大法の沙汰」（加害者本人の処刑）が求められる、ということになっていた。

以上のように、被害者が何人いようとも「理非」を問わず、原則的に加害者「本人」一人だけに責任を負わせて処刑するという、中世社会の同害報復観念に反するかに思えるこの措置自体は、同時代にしばしば確認することができるものであった。このほか、のちに見る事例などでも、室町殿の本人切腹の裁許をうけて対立していた大名同士がとりあえず双方ともに矛を収め、室町御所に「出仕」して「御太刀」を進上し、室町殿の裁許への返礼を行っている例が確認できる。また、後述するように、解死人制による解決よりも本人切腹制の実行を「無為の儀」（平和な解決策）であると述べている史料も存在する。さきに高野山の僧侶たちが同様の措置を「人の憤り」を絶つための「天下の大法」であると述べたことからもわかるように、それは当時においても、それなりに合意がえられる措置であったようだ。同じ頃、能「正儀世守」が創作され、その物語のなかで「本人」一人の処刑が重要な意味をもたされたのも、おそらくこうした状況を反映してのことだろう。

室町幕府の本人切腹制に代表される以上のような措置は、「理非」の判断を放棄しているという点で鎌倉幕府が志向した「理非の淵底を究める」裁判原則とも、当事者の復讐感情に配慮しつつも加害者「本人」を特定するという点において解死人制とも異なる性格のものであった。また、被害者側の罪を問わないという点からすれば、喧嘩両成敗法とも根本的に異なる性格をもつ。それはまさに中世社会が生み出した紛争解決のための「もうひとつの路線」だったといえよう。

では、その「もうひとつの路線」は、いったい何によって挫折させられてしまうのだろうか。

3 室町幕府の苦悩

元の木阿弥

以下、室町幕府の本人切腹制の現実の適用事例を確認してゆきながら、それがどれほどの実効力をもつものであったのか、考えてみよう。

まず最初は、応永三一年(一四二四)三月、細川満元邸で行われていた酒宴の席での、ある殺人事件の顛末から見てみよう[17]。その事件は、守護大名赤松氏の四男の赤松義雅《あかまつよしまさ》が、細川邸の酒席で、酔いつぶれた将軍近習《きんじゅう》の安藤《あんどう》某を刺殺するというショッキングなものだった。これを聞きつけた安藤某の同輩の将軍奉公衆たちは報復のため即座に赤松邸に押し寄せようとした。しかし、もちろん室町殿、義持はこれを制止し、かわりに赤松家に義雅本人の切腹を命じたのである。これこそまさに典型的な本人切腹制の適用といえよう。

ところが、これには後日談が続く。当の赤松義雅は事件直後に失踪してしまい、このとき赤松家としては彼を切腹させようにもできないという事情があったのである。しかし、当人が行方不明なので切腹できません、というのでは、殺された安藤の同輩たちは到底納得がゆかない。そのため、彼らの猛烈な抗議のまえに、ついに赤松家は裏壁《うらかべ》（浦上《うらがみ》）という被官を「代官」として切腹させることにした。気の毒なのは「代官」とされてしまった被官のほうで、裏壁家では、すでに出家している親が切腹するか、それともまだ一〇代の子息が切腹するか、親子で互いが互いを庇《かば》いあってさんざん揉めた挙句、子息の切腹が決まった。彼の切腹は「大強《だいこう》の者」といわれるような気丈なもので、その父親を庇って死地に赴く哀れさは「諸人、哀涙《あいるい》に泣く」といわれるほどのものだったという。

ここでは、いちどは室町殿から本人の切腹が命じられながらも、それが果たせない場合、いとも簡単に無関係の「代官」による「切腹」に中身が振り替えられてしまっている。しかも、「代官」にされた裏壁親子の心情はともかく、この「代官」による「切腹」に被害者側も加害者側もそれなりに納得を示していたようである。似たような事例はほかにもある。

寛正三年（一四六二）八月、侍所の京極持清が、京都の警察業務の一環として、有力大名山名持豊（宗全）の菩提寺である長福寺を検断（処罰）し、数人の僧侶を処刑した[18]。しかし、自分に無断で京極氏が菩提寺に踏み込んだことに山名持豊は激怒し、これにより両者のあいだには、たちまち一触即発の緊張が走ることになった。このときの京都は「両方の群兵、雲霞《うんか》のごとし」「世上物忩《ぶっそう》」、さながら「大乱の躰《てい》」という状態だったという。これを見かねた室町殿、義政は仲介に入り、やはりここでも、このときの京極氏の長福寺検断の責任者であった多賀新左衛門《たがしんざえもん》という者が責任をとって「切腹」することになった。このことには、山名氏も満足だったらしく、即日、室町殿に「御太刀」を進上し、仲裁の礼を述べている。

ところが、実際は何日たっても多賀新左衛門の切腹は行われなかった。というのも、肝心の多賀新左衛門は当初から詰め腹を切らされることを不満とし、頑として自害を拒んでいたのである。そのため、ふたたび京都は「世上物忩再発」という事態となった。しかし、それも八日ほど経って、ようやく収まることになる。けっきょく、こんどの一件は、多賀新左衛門の弟である多賀将監《たがしょうげん》というまったくの無関係者が兄に代わって「切腹」して果てることで、強引に決着がつけられることになったのである。その翌日、山名と京極は室町御所に参上して、挨拶を述べ、それぞれ「御太刀」を進上して、自分たちの不始末を詫びるとともに義政の仲裁に感謝の意を述べたという。

ここでも当初の義政の本人切腹の指示は見事に無視され、当事者の弟の「切腹」という身代わり措置によって事件は解決してしまっている。しかも、やはりここでも、その後の経緯を見るかぎり、加害者・被害者双方ともに身代わりの切腹が行われたことに対する不満は残らなかったようだ。

さらに、もう一例、付け加えよう。文明一二年（一四八〇）九月、徳政一揆の混乱のなかで、土倉から質物を受け戻そうとした順番争いに端を発し、公家の徳大寺実淳《とくだいじさねあつ》の家侍が、赤松氏の被官小寺《こでら》氏の中間《ちゅうげん》（召使い）に殺害されるという事件がおきている[19]。そのため徳大寺家は、すぐに室町幕府に提訴して加害者の処罰を求めた。とくに今回の場合、殺害されたのが侍身分の者なので、徳大寺家としては、中間などではなく、殺害された侍身分の者と同等の身分の者に責任をとらせることを求めた。

このときも、室町殿、義尚は、最初、毅然とした態度で「本人〈殺害人〉」が「中間」である以上、侍身分の者が殺されたとしても中間本人を処刑するべきだ、という原則を示している。被害者側が納得するかどうかは別にして、これも理想的な本人切腹制のあり方といえよう。

しかし、詳しい経緯は不明だが、けっきょくここでも本人切腹制の理想は貫徹されなかった。どういうわけか、このときは室町殿の斡旋のもと最終的には小寺家側から徳大寺家側に「下手人」（解死人）が送致されることで、両者の関係は和解をみたのである。本人切腹制はいつの間にか解死人制にとって代わられてしまったのである。

室町幕府の限界

以上の事例を見ただけでも、室町幕府が本人切腹制を貫徹させようという志向性をもってはいても、それを実現するにはかなりの困難がともなっていた現実が理解できるだろう。これらの事例を見るかぎり、どうも当事者双方は室町殿がこだわるほどには「本人」の処遇にこだわっておらず、むしろ彼らにとっては事件の原因をつくった「本人」の存在などは二の次であるかのような印象をうける。

それが象徴的に表わされているのが、文安元年（一四四四）閏六月におきた備中細川家《びっちゅうほそかわけ》と能登畠《のとはたけ》山家《やまけ》とのあいだのトラブルである[20]。このときは、備中細川家の被官葉室《はむろ》某が能登畠山家の被官伊葉《いば》某により殺害されたのをうけて、最初、備中細川家から能登畠山家に対して「下手人」（解死人）を要求する抗議がなされている。しかし、このときは室町殿・足利義政が幼少であったため管領の畠山持国が仲裁に入り、備中細川家の解死人要求は斥けられ、かわりに「無為《ぶい》の儀」（平和的な措置）として伊葉某「本人」の「切腹」が取り決められ、翌日すぐに伊葉の「切腹」は執行されている。ここでも、幕府当局が本人切腹制を「無為の儀」（平和的な措置）と位置づけて推奨している点は非常に興味深い。しかし、そんな幕府の思いをよそに、当事者はなによりも解死人制による解決を最優先に望んでおり、ここからも幕府と当事者とのあいだで紛争解決の認識に大きなひらきがあったことがうかがえる。

ここで室町幕府が意図した、紛争の責任所在を明確にし、直接の加害者個人に一切の責任を負わせることで問題を解決しようという紛争解決策は、現代の私たちにもある程度妥当な措置のように思える。しかし、守護大名や国人など紛争の当事者たちにとっては、紛争の原因をつくった「本人」を特定することや、ましてや「本人」一人を処罰することなどは、もはやどうでもよいことだった。彼らの最大の関心事は、喧嘩が集団間の紛争に発展してしまった以上、敵対集団が集団としての適切な謝罪の意を表わすことに尽きる。もちろん、この場合の「集団としての適切な謝罪」とは、「本人」にかぎらず中世社会の衡平感覚や相殺主義に照らして妥当な身分の者が処刑されること、ないしは妥当な身分の者を解死人として送致することを意味する。けっきょく、このような観念の拡がりのまえに、室町幕府の本人切腹制は後退を余儀なくされてゆくのである。

「天下の大法」

やがて一六世紀に突入し、室町幕府の指導力の低落が誰の目にも明らかなものになると、さすがの室町幕府も本人切腹制の原則への固執を捨てるようになってゆく。文亀二年（一五〇二）七月、京都の一条町では、公家の日野《ひの》高光《たかみつ》と広橋守光《ひろはしもりみつ》の被官同士が派手な「喧嘩」を巻き起こしている[21]。この「喧嘩」では双方の被官にかなりの負傷者がでたようで、乱戦のなかで広橋家当主である広橋守光自身までが疵《きず》を負ったが、幸運にも広橋家側では死者は一人もいなかった。だが一方の日野家の側では、遠藤《えんどう》孫六《まごろく》という被官一人を失っていた。そのため憤懣の収まらない日野家の側では、翌日、当日に捕縛しておいた広橋家の被官一人を復讐として処刑し、さらに、その首を見せしめとして一条大路に晒してしまったのである。すでに時は戦国時代、公家同士の、しかも京都市中での喧嘩とは思えないほど、紛争は過激で血なまぐさいものとなっていた。しかし、この日野家側の野蛮な行為も、それ自体、これまでみてきた中世人の相殺主義に基づいた「相当の儀」として実行されたことは明らかであろう。

この日野家の仕打ちに対して、広橋家側は室町幕府の法廷に訴訟を持ち込んで、その不当性を訴えた。彼らの言い分は「日野家被官人においては、遠藤孫六生涯を失うと云々、広橋家に至っては、自身疵《きず》を被《こうむ》るの条、相当たるべし」というものだった。つまり、広橋家にいわせれば「日野家では被官が一人殺されたといっても、広橋家では当主自身が負傷しており、この時点で事実上『相当』であり、両者のダメージは釣り合っていることになるはずだ」というものである。ここでも、日野家被官一人の死と広橋家当主の負傷が釣り合うものか否かはべつにして、広橋家の主張の基本は「相当の儀」にあったといえる。

かくして、この事件の処理について室町殿、足利義澄《あしかがよしずみ》は、幕府の法曹官僚たちに意見を求めることになった。このとき六人の法曹官僚によって作成され提出された意見状《いけんじょう》の内容が今に伝えられている。

そこでは、幕府の過去の判例として、去る長享二年（一四八八）正月に尊勝院《そんしょういん》の従者と結城尚隆《ゆうきひさたか》の被官のあいだで喧嘩がおきたときの処置があげられている[22]。法曹官僚たちは、この当時の幕府の判断を、主人の負傷は計算に入れず、従者の死に釣り合うものとして被官一人を切腹させたもの、と理解した。そのうえで、意見状では最終結論として、日野家側が被官一人が殺された報復として広橋家の捕虜一人を殺害したことは「等同《とうどう》」（釣り合いがとれていること）であるとして、広橋家の訴えを退けたのである。

ここでの法曹官僚たちの判例解釈が妥当なものであったか、また日野家を勝訴とした判決自体が正当なものであったか、という問題は、もはやどうでもよい。ここで一番重要なのは、室町幕府の法曹官僚ですらが、その判決の基準を「等同」、つまり双方の損害が釣り合うものであるか否かという点に求めている、という点である。つまり、ここでの幕府の役割は、復讐行為それ自体の是非を論じることや、まして紛争の原因を究明することではなく、その復讐の程度が同時代の人々の衡平感覚や相殺主義に照らして妥当なものであったかどうかを判断しているのにすぎない。けっきょく一六世紀ともなると、室町幕府も同時代の人々がもっていた衡平感覚や相殺主義を共有するようになり、そうした通念に準拠した判決を行うようになってしまうのである[23]。

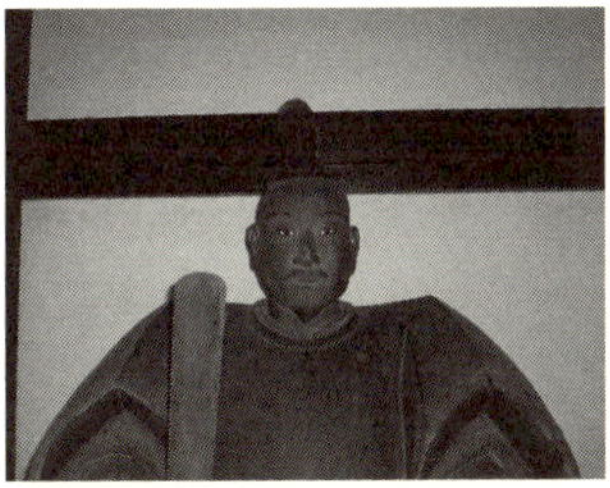
足利義澄
（等持院蔵）

実際、一五世紀後半以降、すでに喧嘩両成敗的措置は列島に大きな広がりを見せるようになっていた。たとえば、宝徳三年（一四五一）九月、奈良の古市では、地元の国人である古市胤仙《ふるいちいんせん》が、被官同士の喧嘩で一方が死んだのをうけて、生き残ったもう一方の首を刎《は》ねようとしている[24]。また、同じ頃の康正二年（一四五六）正月、同じく奈良、春日社の御供所《ごくうしょ》で起きた喧嘩に対しては、興福寺の衆中《しゅうちゅう》（寺内の警察組織）が喧嘩の当事者双方に処罰を加えている[25]。やはり当時の人々が喧嘩両成敗に期待したのは、なにより当事者双方の衡平感覚を満たすということだったのである。そして、「衡平」や「相殺」の実現という点についていえば、まさに喧嘩両成敗は同時代の紛争解決策のなかでも、その最右翼に位置していた存在だった。それこそが同時代の他の紛争解決策と喧嘩両成敗を隔てた大きな特徴だったのであり、結果的に、その要素が喧嘩両成敗に多くの人々が支持を寄せる重要な根拠となっていった。残念ながら本人切腹制では、そうした人々の期待に十全に答えることはできなかったのである。

なお、室町幕府は、一方で南北朝期以来、所領紛争における実力行使について故戦防戦法《こせんぼうせんほう》という重要な法も定めている[26]。そこでは故戦者《こせんしゃ》（攻撃側）と防戦者（防御側）を厳密に区別したうえで、故戦者の罪を防戦者よりも相対的に重くするという原則を打ち立てていた。しかし、その故戦防戦法すらも、そうした流れのなかで次第に両成敗的傾向を強めてゆく結果になってしまう。やがては「故戦防戦ともにその咎《とが》のがれがたし」[27]といった言説にみられるように、人々のあいだでも、その本来的な意味すらも忘れられてゆくようになる。そして、ついには戦国時代に入ると「後佺方佺のあひだ、藤五郎住屋・二郎四郎男住屋放火せしめをはんぬ」というように、「後佺方佺」という不可解な当て字をされるようになったうえ、実質的に喧嘩両成敗法と同義として使用されるようになってしまうのである[28]。

ここにきて、本人切腹制も故戦防戦法も、室町幕府が長らく志向した路線は完全に挫折し、中世人の衡平感覚や相殺主義の延長線上に生まれた喧嘩両成敗法に道を譲ることになる。そして、室町幕府が喧嘩両成敗法の手前で足踏みをしていたそのとき、みずからの力で法典編纂を行い、その法典に両成敗法を位置づけることで歴史の表舞台に立ち現われた新勢力こそが、今川氏・武田氏をはじめとする戦国の群雄たちだったのである。

第七章

自力救済から裁判へ

——喧嘩両成敗の行方

1　分国法のなかの喧嘩両成敗法

近世の喧嘩両成敗

中世の人々の激しい衡平感覚の衝動に突き崩されるように、けっきょく室町幕府が目指した路線は挫折してしまった。そして、かわって台頭してきたのが喧嘩両成敗であった。

しかし、よくよく考えてみると、かりにあらゆる紛争を喧嘩両成敗で裁くとすれば、そもそも裁判などまったく不要になってしまう。喧嘩両成敗と裁判というのは、本質的に相矛盾する存在だったのである。たとえば、かつての研究では、近世社会においては喧嘩両成敗法が「天下の大法」として「定着」したと考えられてきた。たしかに、江戸期には、一方で喧嘩両成敗法を「天下の大法」とよぶ史料も存在するが[1]、ここでの「天下の大法」とは幕府の制定法という意味ではなく、むしろ一般的な法慣習の意味である。むしろ、江戸幕府は、関が原の戦い（一六〇〇年）や大坂冬の陣・夏の陣（一六一四〜一五年）のときや、元和三年（一六一七）と同九年（一六二三）の将軍上洛のときなどに喧嘩両成敗法を発令してはいるが、それらはすべて戦時ないし準戦時の特別立法とみるべきものであり、平時の法令としては原則的に喧嘩両成敗は採用していない[2]。また、尾張藩《おわりはん》（愛知県北西部）でも、喧嘩両成敗の適用は現実の判例としてはいくつか確認できるものの、江戸期を通じてそれを正式に規定した法令は一片も確認されていない[3]。しかも、わずかに確認できる両成敗措置すらも、江戸中期（一八世紀）になるとほとんど確認できなくなるという。さらに、全国的にも喧嘩両成敗は、その具体的な適用においては、決して一方的に「理非を論ぜず」というようなものではなく、「乱心者」や筋違いの遺恨による攻撃を受けたさいには、最低限の正当防衛は江戸期でも認められていたという事実が、最近、明らかにされている[4]。

これらを総合すると、どうやら、すくなくとも近世の公権力は、喧嘩両成敗法の不条理さを認識したうえで、その適用には慎重だったと考えざるをえない。近世思想史家の尾藤《びとう》正英《まさひで》氏は、こうした近世の実態を踏まえ「両成敗という判決が最初から定められているのであれば、裁判官による判断は必要がなく、そもそもその事件について裁判をすること自体が無意味になるのである。戦国大名に比較すれば、日本全体を統治する立場において、国家権力としての自覚を一段と明確にもっていたであろう江戸幕府が、両成敗法の制定を避けたのは、そのように考えれば、無理もない」と述べている[5]。

たしかに戦国大名にしても、織田・豊臣の統一政権にしても、江戸幕府にしても、あくまで彼らの最終的な目標は喧嘩両成敗などではなく公正な裁判の実現にあった。それにより彼らは、みずからの支配権をより公的なものへと高めることを目指したのである。では、当時、世間の素朴な衡平感覚によって支持されていた喧嘩両成敗と、公正な裁判の実現という志向のあいだで、いったい彼らはどのような折り合いをつけようとしたのだろうか。最終章である本章では、中世から近世への移行過程で戦国大名や統一権力が行おうとした喧嘩両成敗を見てゆくことで、彼らが人々の衡平感覚とどのような綱引きを展開していったのかを見届けておくことにしたい。そのうえで、「自力救済から裁判へ」という中世社会から近世社会への大きな転換場面で、喧嘩両成敗がどんな役割を果たすことになったのか、確認しておくことにしよう。

「今川かな目録」

高等学校の教科書などでも喧嘩両成敗法の登場は戦国時代ということになっており、教科書的に言えば、ここからが本格的な「喧嘩両成敗の誕生」ということになる。ただ、残念なことに、戦国大名の喧嘩両成敗措置を語るエピソードの多くは『甲陽軍鑑《こうようぐんかん》』など後世の軍記物類に拠るところが大きく、本当のところ、戦国大名がどのていど喧嘩両成敗法に基づいた支配を行っていたかは、よく分からないのである。そこで、ここではオーソドックスに、戦国大名が制定した分国法の条文のなかに姿を現わした喧嘩両成敗法を子細に検討することで、戦国大名たちが中世以来の人々の激しい復讐心にどう対処しようとしていたのかを、見てゆくことにしよう。

まず、喧嘩両成敗を明文化した最初の分国法は、大永六年（一五二六）制定の「今川かな目録」第八条である。この駿河国《するがのくに》の今川氏親《いまがわうじちか》の定めた「今川かな目録」は、東国の戦国大名の分国法のなかでは現存する最古のものでもあるが、そのなかで喧嘩両成敗法は以下のように定められている。

一、①喧嘩におよぶ輩、理非を論ぜず、両方ともに死罪に行ふべきなり。②はたまた相手取り懸《か》くるといふとも、堪忍せしめ、あまつさえ疵《きず》をかうむるにをいては、事は非儀《ひぎ》たりといふとも、当座穏便《おんびん》のはたらき、理運《りうん》たるべきなり[6]。

——①喧嘩をした者は、喧嘩の理由にかかわらず、（原則として）当事者双方をともに死罪とする。②（ただし）たとえ相手から攻撃されたとしても、我慢して、その結果、相手から傷つけられた場合は、もし傷つけられた側に喧嘩の原因があったとしても、その場で応戦しなかったことに免じて、（今川氏の法廷に訴え出れば、今川氏は）負傷した側を勝訴とする。

今川氏親
（増善寺蔵）

つぎに、参考までに近世初期の元和四年（一六一八）に阿波国《あわのくに》（徳島県）蜂須賀《はちすか》氏が定めた喧嘩両成敗法も一緒に掲げておこう。

一、①喧吪《けんか》口論の族、天下御法度の旨にまかせ、理非を改めず両方成敗を加ふべきものなり。②諸人この旨を存じ、たとひ相手無理緩怠相働《かんたいあいはたら》くといへども、目を塞ぎ耳を塞ぎ堪忍いたし、その趣を申し聞かすにおいては、一方成敗すべきこと申すにおよばず[7]。

——①喧嘩口論を行った者は「天下の御法度」（＝世間の慣習法）に従い（原則として）理非を問わず「両方成敗」を加える。②（ただし）そのことをよく承知して、敵対相手から何をされても、その場では反撃をせずに「目を塞ぎ耳を塞ぎ堪忍いたし」、（後日、蜂須賀氏の法廷に）その事実を正式に訴え出た者については、（「両方成敗」ではなく）攻撃した側だけに「一方成敗」を加える。

丸数字は筆者が補ったものだが、大きく①と②に分かれる構成と、全体を通しての論理構造は、二つともきわめてよく似ている。このほか喧嘩両成敗法を採用する分国法には、甲斐《かい》（山梨県）武田氏の「甲州法度之次第《こうしゅうはっとのしだい》（別名、信玄家法）」（一五四七年成立）や土佐（高知県）長宗我部《ちょうそかべ》氏の「長宗我部氏掟書（別名、長宗我部元親百箇条）」（一五九六年成立）があるが、それらの条文の構造もほとんどこれと同じである[8]。以下では、この①と②に分かれる条文の構造に注目しながら、解釈を加えてゆくことにしよう。

　では、まず①の部分から見てみよう。ここでは二つの条文でともに、喧嘩の当事者に対しては「理非」を問わず双方ともに「死罪」を行う、という文字通りの「喧嘩両成敗法」が規定されている。これまで戦国大名の喧嘩両成敗法については、この「理非を問わず」問答無用に処罰を敢行するという点に、その強権的性格や専制的性格が認められてきた。しかし、第五章でも述べたように、紛争当事者双方に同等の罰を加えるということ自体は、中世の人々の相殺主義に基づく究極の紛争処理策として、当時それなりに浸透していた処置である。おそらく戦国大名とはいえ、中世以来、個人や集団の正当な権利とすら考えられてきた復讐行為を抑止するのは、現実にはかなりの難事だったはずである。そのため、現実に起こってしまった喧嘩を処理せざるをえない場面に直面したとき、一方を「非」として、他方を「理」とし、なおかつ双方に禍根を残さない、というのは至難の業だったにちがいない。そこで、戦国大名としては、最も家臣や民衆の支持をえやすい方策として、喧嘩両成敗という法理を採用せざるをえなかったのである。つまり、彼らは決して積極的に「理非を問わない」わけではなく、むしろ当時の戦国大名の置かれた現実から考えれば、「理非を問えない」というほうが真実に近かったといえる。その意味で、尾藤正英氏のいうとおり、喧嘩両成敗法は「むしろ権力の主体としては、その弱さの表現であったというべき」だろう[9]。

真意は「両成敗」にあらず

しかし、ここで注意してほしいのは、一般に「喧嘩両成敗法」とよばれている、この条文で今川氏や蜂須賀氏らが最終目的としたのは、たんに喧嘩両成敗を実現することではない、という点である。すべての分国法の条文が①の内容だけで終わらず、そのあとで必ず②が続いている事実は、そのことと大きく関わる。私たちの常識からすれば、法令全体のなかで①が主文にあたり、②は附則ということになる。だとすれば、①よりも②のほうが内容的に軽いものであったり瑣末な事柄であるように思ってしまいがちなのだが、分国法の場合、必ずしもそうとは限らない。分国法においては、しばしば最初の主文で一般的な原則や通念が述べられ、そのあとに「ただし……」とか「しかりといえども……」という附則のかたちで一般原則や通念を打ち破ろうとする大名側の狙いが込められていることが多いのである。

現に②では、喧嘩をしかけられても反撃せず、大名の法廷に訴え出ることが推奨されており、応戦せずに大名に訴え出た者に対しては、たとえその者に攻撃されるなりの理由があったとしても、その者を勝訴とする、という規定がなされている。つまり、大名たちは、①では一般的な通念に配慮して喧嘩両成敗を打ち出しながらも、②では、そうなるまえに早めに大名の法廷に足を運ぶことを人々に必死に求めていたのである。しかも、この②の内容も今川氏や蜂須賀氏にかぎったものではなく、喧嘩両成敗を掲げる分国法のすべてに必ず同趣旨のことが述べられている。つまり、大名たちの真の狙いは喧嘩両成敗を実現することなどにあったのではなく、あくまで喧嘩を未然に抑止し、トラブルがあった場合は大名の裁判権のもとに服させる、という点にこそあったのである[10]。

実際、この条文の規定が現実に守られていたとするならば、ひとたび喧嘩をしてしまえば原則どおり双方ともが死罪になってしまうのに対して、相手側からの攻撃に耐えて大名のもとに訴え出さえすれば、たとえ喧嘩の原因が自分にあったとしても無条件で勝訴が約束されることになる。もちろん当時の人々の名誉意識を思えば、攻撃を受けても「目を塞ぎ耳を塞ぎ堪忍いたし」というのは、そう簡単なことではなかったはずだ。しかし、すこし冷静に考えれば、喧嘩をせずに大名に訴え出たほうが圧倒的に賢い選択であることは誰の目にも明らかだろう。まさに大名たちは、人々がそう考えて自力救済の選択肢を捨て、大名の法廷にまっすぐに向かうことを、この条文で企図していたのである。だから、極端なことを言えば、これらの分国法の条文を「喧嘩両成敗法」と総称してしまうのは、大名たちの真意からすれば、やや不正確な表現だったといえる。

とはいえ、大名たちの真の目的である②の大名裁判への誘導は、①の喧嘩両成敗法を前提にしているからこそ実現できるという要素も大きい。たとえば、室町幕府は、すでに触れたように防御側の罪を攻撃側よりも相対的に軽くする故戦防戦法《こせんぼうせんほう》の原則をとっていた。しかし、そうなると、喧嘩に応戦する場合と裁判に訴える場合という二つの選択肢を天秤《てんびん》にかけたとき、故戦防戦法の場合、当事者が裁判に訴えるメリットはそれほど大きくないことになってしまう。なぜなら、喧嘩両成敗法と違って故戦防戦法は、喧嘩に応じてしまっても軽罪で済んでしまう余地があるぶん、喧嘩両成敗法のときほど当事者にとって裁判を選択することが「圧倒的に賢い選択」とはならないからである。これでは法廷に足を運ぶ人は限られてしまうだろう。つまり、大名たちは、喧嘩両成敗という厳しい社会通念を前提として採用していたからこそ、自力救済を常識と考えていた人々を大名の法廷へと誘導することができたという側面も、またあったことになる。喧嘩両成敗法が戦国大名の秩序形成のうえで果たした積極的役割は、この一点にあったといってもいいだろう。

法による支配への一里塚

いずれにしても、当時、分国法に喧嘩両成敗法を盛り込んでいるか否かにかかわらず、基本的に戦国大名とは、大なり小なり、あらゆる紛争を当事者の自力救済ではなく、自身の法廷に訴え出させることで解決することを志向していた存在であった。古くからヨーロッパ法制史研究においては、自力救済権を否定する治安立法を成立させているか否かが、近代国家の成立の大きな指標のひとつとされてきた[11]。わが国の法制史研究が戦国大名に大きな注目を向けてきたのも、まさに戦国大名が自力救済の克服のためにみせていた積極的な姿勢が、そうした人類史的なスケールの問題と大きく関わっていたからに他ならない。

とりわけ、従来の研究においては、戦国大名の治安立法のうち喧嘩両成敗法だけが過度に注目されてきたという経緯があり、喧嘩両成敗法といえば戦国大名、戦国大名といえば喧嘩両成敗法、というぐらいに、かつて両者は強く結びつけて考えられてきた。しかし、現在、十数点ほどが残されている戦国大名や織豊期大名の分国法を通覧してみると、喧嘩両成敗法を明確に定めた分国法というのは、これまであげた駿河今川氏の「今川かな目録」と、甲斐武田氏の「甲州法度之次第」、土佐長宗我部氏の「長宗我部氏掟書」というわずか三点のみであることに気づく。そして、むしろそれら以外の多くの分国法では、両成敗ではなく、当事者同士の決闘による解決（周防大内氏《すおうおおうちし》の「大内氏掟書」、下総《しもうさ》結城氏《ゆうきし》の「結城氏新法度」など）や、先に攻撃をした側の罪を重くする（陸奥伊達氏《むつだてし》の「塵芥集《じんかいしゅう》」、近江《おうみ》六角氏《ろっかくし》の「六角氏式目」など）など、いずれも一貫して自力救済行為を抑止するという姿勢を貫いてはいるものの、それぞれ分国の実情に応じて多様な紛争解決法を採用していることがわかる[12]。現実の中世社会の紛争解決法が多様であったように、むしろ大多数の大名たちは決闘裁判的なものから故戦防戦法的なものまで、喧嘩両成敗法以外の様々な方法で人々の自力救済を抑制し、大名裁判権を確立してゆこうとしていたのである。もちろん、それぞれの紛争解決法の選択は地域地域それぞれの歴史的文脈に規定されて有効性をもっていたのであり、大名が喧嘩両成敗法を制定していたか否かというだけでは一概に支配権の強弱、優劣を推し量ることなどできない。これまでの研究は明らかに喧嘩両成敗法の役割を過大評価してきたといえるだろう。

　そして、喧嘩両成敗法を分国法に取り入れている大名ですらも、決して両成敗の実現自体を目的として法を定めていたわけではなかったのは、いま見たとおりである。また、そのほか分国法を制定していない大名のなかにも個別法令として喧嘩両成敗法を採用しているものは少なくない[13]。しかし、彼らが両成敗を採用した真意も分国法系大名と同様のものであった可能性は高いといえる。むしろ、彼ら大名たちは両成敗法を利用しながら、最終的には裁判というかたちで、両成敗法を成り立たせている人々の衡平感覚や復讐心を克服するみちを目指していたのである。たしかに「原則として喧嘩両成敗だが、攻撃をうけても我慢して訴え出た者は無条件に勝訴とする」という規定は、公正な裁判の実現という観点からすれば、まだまだ不十分な印象をうける。しかし、それは、あくまで裁判という選択肢にまだあまり馴染んでいない人々の足を法廷に運ばせ、大名裁判権を確立するための過渡的な措置であったというべきだろう。そのかぎりで、喧嘩両成敗法は歴史の進展に積極的な役割を果たすことになったのである。こうした試行錯誤を繰り返しながら、やがて歴史の大きな流れは「自力救済から裁判へ」という方向へ少しずつ向かってゆくことになる。

2 統一政権と喧嘩両成敗法

秀吉の施策

諸国の大名を糾合して全国統一に乗り出した豊臣秀吉も、戦国大名たちが志向したのと同じく、人々の自力救済行為を抑止して、自身の裁判権を確立することを目指した。とくに秀吉の行った紛争解決策として重要なものは、大名間紛争を対象とした惣無事令《そうぶじれい》と、村落間紛争を対象とした喧嘩停止令《けんかちょうじれい》である。この二つの法令は、刀狩令や海賊停止令とあわせて藤木久志《ふじきひさし》氏によって「豊臣平和令」と名づけられ、現在「自力救済から裁判へ」という豊臣政権の基本姿勢を理解するうえでの重要法令と認識されている[14]。

このうち、惣無事令は、諸国の大名に対して発せられた私戦禁止命令で、天正一四年（一五八六）に最初に出されたものである。「惣」は広い範囲、「無事」とは「有事（戦争）」の反対の意味であるから、この法令の名称は、現代風に言えば、さしずめ「広域平和令」ということになる。その具体的な狙いとするところは、戦国以来の大名間の領土紛争を凍結させ、不満のある場合は秀吉の法廷に訴え出ることを促すというものであった。つまり、それ自体、戦国大名が志向した自力救済克服の理念を全国レベルに拡大させたものといえる。天正一八年（一五九〇）、小田原北条氏《おだわらほうじょうし》などは、これに違反したために秀吉によって「征伐」をうけたわけである。

もう一方の喧嘩停止令とは、当時、激化していた村落間の山野用水の用益をめぐる紛争に対処するべく、天正一五年（一五八七）頃までには立法化されたと考えられている法令である。具体的には武器の行使と近隣の合力（応援）を規制の対象としていた。この法令についても、惣無事令と同じく戦国大名が目指した路線の延長として理解することが可能だろう。

しかし、こうして見てゆくと、豊臣政権の紛争解決策は、戦国大名の目指したそれよりも、理念の明確さという点でも、対象の広範さという点でも、一段と充実してきていることがわかる。来るべき近世社会の秩序は、この路線のさきに切り開かれてゆくことになるのである。では、その一方で、理非を判別する公正な裁判とは本来相容れないはずの喧嘩両成敗法に対する豊臣政権の姿勢は、どのようなものだったのだろうか。

秀吉の発した惣無事令に抵触した領土紛争として著名なものに、南陸奥の黒川《くろかわ》（会津《あいづ》）をめぐる問題がある。当時、南陸奥では、黒川の芦名氏《あしなし》をあいだに挟んで、伊達政宗《だてまさむね》と佐竹義宣《さたけよしのぶ》のどちらが芦名家を影響下におくか、という深刻な対立がおきていた。おりしも芦名家は当主の不慮の死が相次いだため、隣国の伊達氏と佐竹氏の内政介入を招くことになり、家中も伊達派と佐竹派に二分してしまっていた。そこで天正一五年（一五八七）三月、佐竹氏は当主義宣の弟義広《よしひろ》を芦名家へ送り込むことで新当主とし、芦名家への内政干渉を公然とはじめた。そのため、これへの対抗措置として、伊達政宗は天正一七年（一五八九）六月、芦名領への侵攻を開始し、ついには芦名義広を追放し、黒川城を占拠してしまったのである。もちろん、これは明らかに惣無事令に対する違反行為である。

すでに小田原北条氏を滅ぼしていた秀吉の、この事件に対する処断は以下のようなものだった。まず惣無事令を破って領土侵犯を行った伊達氏からは、もちろん黒川を没収する。しかし、それだけではなく、芦名家を断絶させることで佐竹氏の黒川への影響力も排除してしまい、かわって黒川は秀吉の直轄領としてしまったのである。客観的には秀吉が体よく「漁夫の利」を得たかたちになっているが、ここには明らかに喧嘩両成敗の法理が貫かれている。秀吉の惣無事令も、その罰則には喧嘩両成敗が採用されていたのである。

喧嘩両成敗法はこれ以前に織田信長も採用していたが[15]、個別の法令としても豊臣政権はしばしば発令していた。たとえば、天正一五年（一五八七）六月に博多津に出された制札には「一、喧嘩口論仕《つかまつ》るにおいては、理非におよばず、双方成敗すべき事」という一条があった[16]。また、天正一九年（一五九二）六月の法令では、日本人と南蛮人の喧嘩の場合は理非を糺明するが、日本人同士の喧嘩の場合は「一、喧嘩刃傷の事、双方日本仁《にほんじん》は、理非に立ち入らず、双方成敗を加ふべし」として両成敗を規定している[17]。これらからしても、豊臣政権は裁判権の確立を志向する一方で、両成敗措置を必ずしも否定していなかったことは明らかだろう。

とくに秀吉の行った両成敗的措置で興味深い事例は、天正一六年（一五八八）閏五月に行われた肥《ひ》後国《ごのくに》（熊本県）の大名佐々成政《さっさなりまさ》の改易《かいえき》、切腹処分である。このときの佐々成政の処罰理由は、その前年、肥後国で国人や百姓による大規模な一揆が起きたことにあった。秀吉は、すぐさま小早川《こばやかわ》・竜造寺《りゅうぞうじ》・立花氏《たちばなし》以下の大軍勢を派遣して、この一揆を徹底的に弾圧し、首謀者とされた一〇〇人あまりの国人の首を刎《は》ねた。しかし、その後で秀吉は「喧嘩のあい手、国々のもの共首を刎《は》ね、むつのかみ《（陸奥守）》（佐々成政）あいたすけさせられ候へハ、殿下《でんか》（秀吉）御紛《おまぎれ》かと国々のもの共存じ候へば」——喧嘩の相手である国人たちの首を刎ねておきながら、佐々だけを助けてしまっては、秀吉が不正を行ったと人々が思うであろうから、と、わざわざ断ったうえで、佐々に切腹を命じている[18]。ここでも、秀吉の真意はともかく、佐々は領内で一揆を起こしてしまった管理責任が問われて切腹させられたわけではなく、表向きはあくまで「喧嘩の相手」である「国々の者ども」への体面を配慮して、喧嘩両成敗として切腹させられたのである[19]。ここから喧嘩両成敗は、秀吉政権下にあっては、大名と大名や個人と個人という水平関係の紛争にかぎらず、大名と一揆という垂直関係の紛争にまで適用されるものだったことになる。

人心の変化

また、村落間相論を規制した喧嘩停止令についても、その罰則には両成敗が適用されていたことがうかがえる。現在、甲子園球場のあるあたり（兵庫県西宮市）、かつては摂津《せっつ》国武庫《のくにむこ》郡《ぐん》とよばれた地域に、北郷《ほくごう》井水という用水路を共有する鳴尾《なるお》村《むら》と河原林村《かわらばやしむら》という二つの村があった。天正二〇年（一五九二）夏の渇水期、この二つの村は激しい用水相論を起こし、相論は双方を応援する近隣の村々も巻き込み、「弓・鑓《やり》」をともなって非常に熾烈なものとなった[20]。もちろん、この事態を知った秀吉はすぐに処分に乗り出し、奉行に命じて関係者を糾問して事実関係の調査をしたうえで、用水の使用に関しては、鳴尾村の側に対して勝訴の判決を下している。

しかし、ここで秀吉が行ったことはそれだけではない。秀吉は、ここで同時に、喧嘩停止令に違反し公権力の裁許を待たずに武器をともなう「喧嘩」（実力行使）におよんだ両村や、その支援を行った周辺の村落の罪を重くみて、勝訴側・敗訴側を問わず、それぞれの村の代表者を一人ずつ磔《はりつけ》という極刑にして、一説には合計「八三人ハタ物」にしたというのである（「ハタ物」とは磔のこと）。この措置の背景にあるのが、喧嘩両成敗の論理であることは言うまでもない。つまり、この事件の処理で豊臣政権は、用水使用という民事問題については白黒の裁定をつける一方で、喧嘩停止令違反に対する処罰については両成敗という刑事処分を科したのである。つまりは豊臣政権下での喧嘩両成敗は、大名間や個人間の紛争、大名・一揆間の紛争にとどまらず、村落間の紛争にまで適用されるものだったのである。

しかし、気になるのは、この秀吉の処分に対して同時代の人々が抱いた感慨である。事件を日記に記した奈良の僧、多聞院英舜《たもんいんえいしゅん》は、このとき一三歳の少年までが父親にかわって磔にされた事実を「哀しき事」と述べて、豊臣政権の非情さに憤っている[21]。また、後年、

秀吉の両成敗によって処刑された鳴尾村の村人の供養碑（兵庫県西宮市）
（熊谷武二氏撮影『週刊朝日百科日本の歴史 73』朝日新聞社）

一方の鳴尾村の人々は、このとき豊臣政権によって「ハタ物」にされた関係者二五人の名前を南無阿弥陀仏の名号《みようごう》のまわりに配した掛軸《かけじく》を制作することで、彼らの後生を篤《あつ》く弔《とむら》っており、現在も旧鳴尾村にあたる西宮市の浄願寺《じようがんじ》という寺には、その現物が大事に伝えられている[22]。はるか以前の室町期の事例だが、宝徳三年（一四五一）に奈良の古市氏が自身の被官に喧嘩両成敗を執行しようとしたときには、近所の迎福寺《げいふくじ》の僧侶がこれに反対し、ひそかに当事者の一人を逃がしてやっているという事実も確認できる[23]。室町・戦国の人々にとっても両成敗はやはり過酷な措置で、無分別に採用することは決して許されることではなかったのである。

にもかかわらず豊臣政権には、しばしばそれを度を越して乱用する傾向があったことは否めない[24]。さきにあげた事例だけを振り返ってみても、旧芦名領をめぐる両成敗処分については、秀吉は調停者の立場を利用して、まんまと旧芦名領を手に入れてしまっている。これでは「論ずる物は中から取れ」といって茶壺を没収してしまった、あの狂言「茶壺」の「所《ところ》の検断殿《けんだんどの》」と同じ手口である（一三三頁）。また、佐々成政の処分についても、そもそも肥後国一揆の根本的な原因は秀吉政権が政策として強行しようとした太閤検地にあった[25]。しかし、秀吉は自身を局外の調停者の立場におき、問題を「喧嘩」として処理することで、佐々に全責任を転嫁してしまったのである。

元来、喧嘩両成敗というのは、紛争当事者の衡平感覚に配慮しつつ緊急に秩序回復を図るために中世社会が生み出した究極の紛争解決策であった。しかし、そこには単純明快であるがゆえに、しばしば安易な運用で理非が蔑《ないがし》ろにされる危険がつねにつきまとった。かねて中世の人々がその採用に躊躇を示していたのも、まさにそうした点を危惧していたからに他ならない。豊臣政権は、一方では公正な裁判を標榜しつつも、他方では喧嘩両成敗を採用するという戦国大名以来のジレンマからは完全に抜けきれてはいなかった。しかも、その両成敗には、つねに逸脱や恣意的な乱用といった影がつきまとっている。これらのことがらは、喧嘩両成敗法を永続的な秩序維持策として運用してゆくことのむずかしさを物語っているといえるだろう。

実際、野卑な特質を色濃くのこす中世以来の法慣習や民間習俗をとりこみ、体制化したのが戦国大名や織豊政権の政治だったとすれば、そのあとに続く江戸幕府の政治は、そうした「暴力性」や「未開性」を洗練し払拭することで、社会を「文明化」してゆくことを至上の課題とした。事実として江戸幕府は、すでに述べたように初期の軍令などの一部を除き、決して喧嘩両成敗法を制定法化することはなかった。また、近世の幕藩権力は無闇に喧嘩両成敗法を適用することはしなかったし、そもそも一八世紀に入ると、その適用例自体を探すことがむずかしくなってゆく。もちろん、そうした変革は瞬時にかなうものではなく、つねに緩やかで静かな転換として進んでゆくことになる。そのために費やされた時間が、江戸時代最初の一〇〇年間（一七世紀）であった[26]。この一〇〇年の間には「徳川の平和《パックス・トクガワーナ》」ともよばれる時代風潮のなかで、復讐としての自害（第二章参照）や、みせしめとしての晒《さら》し首《くび》のありかた、刑罰としての耳鼻削《そ》ぎといった、中世や戦国に由来する習俗に対する封じ込めが緩やかに、かつ同時的に進行することになる[27]。こうした傾向を、網野《あみの》善彦《よしひこ》氏の言葉をかりて「未開から文明への転換」[28]と評することも、あながちまちがいではあるまい。そうした流れのなかで私たちの社会は「自力救済から裁判へ」と緩やかに脱皮を遂げ、同時に建前上、喧嘩両成敗法をも卒業してゆくことになる。

3　赤穂事件――喧嘩両成敗法への憧憬

「片落」への根強い不満

では、近世社会は本当に喧嘩両成敗法を卒業できたのだろうか。近世の為政者や一般の人々の喧嘩両成敗法に対する意識を考えようとするとき、おそらく最も格好の素材は、かの有名な「赤穂事件《あこうじけん》」だろう。最後に、この赤穂事件を例にして、近世人の喧嘩両成敗観を再確認しておくことにしよう。

いうまでもなく赤穂事件とは、元禄一四年（一七〇一）三月の江戸城松ノ廊下での浅野内匠頭長矩《あさのたくみのかみながのり》による吉良上野介義央《きらこうずけのすけよしなか》に対する刃傷事件にはじまり、翌年一二月の浅野家家老大石内蔵助良雄《おおいしくらのすけよしお》による吉良邸討ち入りにいたるまでの一連の事件である[29]。このうち、最初の松ノ廊下事件がおきたとき、江戸幕府は喧嘩両成敗の採用を避け、加害者である浅野に対しては切腹・城地没収・絶家という重罰を加えたのに対して、一方の当事者である吉良に対してはなんらお咎めなし、という判断を下した。

ここで江戸幕府があえて喧嘩両成敗を採用しなかったという点については、ほかの同時代の事例に照らしてみても、近世権力としてはさほど異様な判断ではない。それどころか、そもそもこの事件は、浅野が一方的に斬りかかったのに対して、吉良は最後までなんの「手向《てむかい》」（応戦）もしておらず、はたしてこれを「喧嘩」とみなすことができるかどうかすら疑わしい案件であった。だとすれば、このときの幕府の処置はむしろ理性的な判断であったとすらいえるかもしれない（ただ、五万石の大名を即日、庭先で切腹させてしまったという点は、当時の常識からしても拙速であったといえる)。

しかし、このときの幕府の処置に対しては、松ノ廊下事件の直後より、多くの人々から批判が寄せられていた。たとえば、松ノ廊下事件の審理に当たった目付《めつけ》の多門重共《おかどしげとも》などは、上役である若年寄《わかどしより》たちに対して、「あまり片落《かたおち》の御仕置《おしおき》、外様《とざま》の大名ども存じ候ところも恥ずかしく存じ候」――あまりに「片落の御仕置」で外様大名に対しても恥ずかしい、と抗議して、公然と幕府の裁許を批判したとされる[30]。また、後年、儒学者の浅見絅斎《あさみけいさい》も、「内匠頭成敗にあづかれば、上野介も成敗にあづかるべきはずなり」と述べて、「大法」である「喧嘩両成敗の法」の採用をすべきだったと自著のなかで幕府批判を展開している[31]。

直接に事件と利害関係のない者ですらこうした認識をもっていた以上、当然、当事者である赤穂浪士たちが幕府の裁許に不満のないはずがなかった。もちろん、彼らを「吉良邸討ち入り」に走らせた要因には、主君の怨念を自らの怨念として受け継ごうとする近世武士独特の主従間の情緒的結合意識の存在は大きい[32]。しかし、松ノ廊下事件の直後、浪士の一人は「主人片落《かたおち》に切腹仰せ付けられ、上野介存生《ぞんしょう》においては、(中略)何方《いずかた》へ面《つら》を向け申すべき様もこれなく候」――主人である内匠頭が「片落」に切腹させられながら、上野介が生きているとあっては、私たちはみっともなくて世間に顔向けできない、とも述べている[33]。こうした彼らの「片落」に対する不満が、彼らをして最終的に「吉良邸討ち入り」という自力救済行為に向かわせた要因のひとつだったことは明らかだろう。そして、その心情に共感した大方の一般庶民たちは、幕府の意図に反して、彼らを拍手喝采をもって迎えることになったのである。

この一連の事件の経緯からもわかるように、近世の公権力はかならずしも両成敗を最善の紛争解決策と考えていたわけではなかった。むしろどちらかといえば、近世の為政者は喧嘩両成敗の採用を極力避けて、それなりに冷静な「理非」の判断を下そうという志向性をもっていた。しかし、室町幕府が模索した本人切腹の原則が、「衡平」が実現されるのなら事件の原因特定などはどうでもよいという人々の強烈な衡平感覚のまえに頓挫させられてしまったことを思い出してもらいたい。近世の公権力の志向も、まさにそれと同じように、「片落」を憎み「衡平」を待望する一般の武士や庶民たちの心性のまえに挫折を余儀なくさせられてしまったのである。けっきょく、喧嘩両成敗法を積極的に普及させ、「天下の大法」（一般的な法慣習）にまで祭りあげていったのは、公権力の側ではなく、むしろ一般の武士や庶民たちのほうだったといえよう。

　ちなみに、吉良邸討ち入りの後、幕府は赤穂浪士切腹の同日に、吉良家の嫡子義周《よしちか》に対して、邸宅に討ち入られたときの態度が不適切であったという、とってつけたような理由で、お家断絶を申しつけている。当主を討ち取られたうえにお家断絶とは、吉良家にとってはまさに「泣きっ面に蜂」の処断だが、これは、喧嘩両成敗を支持する世論に押されて、焦った幕府が遅まきながら喧嘩両成敗を実現しようとした結果といえるだろう。そして、のちに儒学者、荻生徂徠《おぎゅうそらい》などは、徳川吉宗《とくがわよしむね》の諮問に応えてまとめられた著書『政談《せいだん》』のなかで、「喧嘩両成敗のこと、当時の定法《じょうほう》にて聖人の道に叶へり。（中略）当時、両成敗と云《い》ふは、片々を生《いか》し置《お》く時《とき》は、敵討絶えざるによりてかくのごとき御定《おさだめ》ある」と論じ、喧嘩両成敗を「聖人の道」に適うものであるとまで述べて、喧嘩両成敗全面肯定論を展開してしまっている[34]。

当時の社会には、なお一方で「喧嘩両成敗を恐れて喧嘩を思いとどまるような武士は腰抜けだ」という厳しい風潮もあり、喧嘩両成敗法は武士のあいだではかなり評判のよくない法であったともいう[35]。しかし、その一方で、公権力の行う裁判に不服を抱く人々は、逆に喧嘩両成敗法を楯にすることで「衡平」や「相殺」の実現を求めようともしていた。むろん、そうした思想は基本的には不当なものとされ歴史の地下層に押し込められることとなった。その意味で、赤穂事件の前後にみられたような喧嘩両成敗法への熱い憧憬の言動は、長い近世社会においてもかなり例外的な出来事といえる。ただ、中世以来の衡平感覚や相殺主義は依然として根強く、両成敗法への憧憬は、その後も長く人々の心性に存続することになった。このことは、人々の復讐心の制御がその後の歴史過程においても複雑で困難な課題としてあり続けていることを、なにより示しているといえよう。

矛盾との格闘の歴史が刻まれている

現代日本に生きる喧嘩両成敗から筆を起こした本書は、はるか六〇〇年前の室町時代にまでさかのぼり、その成立過程を追体験しながら、ついには三〇〇年前の赤穂事件までたどりつき、いま、ようやくにして現代に舞い戻ってきた。途中、あまりに具体的な史実の機微に踏み込みすぎた観もあるので、最後にすこし本書のオリジナルの論点を整理しながら、これまでの行程を振り返っておくことにしよう。

まず、喧嘩両成敗法を語るうえでは、なによりそれを生み出した社会、とりわけ社会のありかたを決定づけた、当時の人々の苛烈な心性を抜きにすることはできない。本書の叙述が喧嘩両成敗法の展開過程（近世）よりも、むしろ成立前史（中世）に圧倒的な紙面を割いたのも、第一の主張点として、筆者がその事実をなによりも重視するからである。当時の人々は、身分を問わず強烈な自尊心をもっており（名誉意識、第一章）、損害を受けたさいには復讐に訴えるのを正当と考え（復讐の正当性、第二章）、しかも自分の属する集団のうけた被害をみずからの痛みとして共有する意識（集団主義、第三章）をもちあわせていた。それらは、いずれも現代に生きる私たちの感覚から大きくかけ離れたものであり、それが当時の社会の紛争を激化させてしまう大きな要因となっていたのである。また、当時の社会は公権力の制定法とはべつに多種多様な法慣習が人々の生活に大きな意味をもっており、そうした多元的な法秩序のありかたも、さらに紛争に拍車をかける要因となった（第五章）。

これに対し、公権力たる室町幕府は、本人切腹制や故戦防戦法といった紛争処理策を講じるなどして、社会の紛争を抑え込もうという姿勢も見せてはいた（第六章）。しかし、その基本的性格は、落武者狩り慣行や没落大名屋形の財産掠奪慣行に対する態度に見られるように、あくまで自力救済社会の慣習に準拠するかたちで支配を行おうとする権力であった（第四章）。そのため、むしろ紛争を抑止する思想は公権力の側からではなく、紛争当事者のなかから生まれることとなった。彼らは「やられた分だけやり返す」ことを正当と考える一方で、「やられた分」以上の「やり返し」を戒め、双方の損害を相殺し等価にすることで紛争の幕引きにしようという素朴な思考を形成していたのである。それが法思想の域にまで昇華したものが「折中の法」であり、具体的な紛争処理策となったのが中人制であり解死人制であった（衡平感覚・相殺主義、第五章）。やがて、こうした思考の延長線上に喧嘩両成敗法が生まれることになる。喧嘩両成敗法を国家主導の強圧的な秩序形成策としてみるのではなく、あくまで社会のなかで形成された紛争解決の法慣習の蓄積として位置づけようというのは、本書の二つめの大きな主張点である。

ただし、中世社会が生み出した紛争解決法は、決して喧嘩両成敗法だけではない。本人切腹制や故戦防戦法などの他にも、現実には中世の人々は籤引きや湯起請など、じつに多種多様な紛争解決法を創出しており、それらはその時々に応じた有効性をもつものであった。人々はたしかに折中や中分を尊重してはいたが、それはあくまで対立する双方の主張が拮抗し、どうにもならなくなった場合の最終措置としてのことであって、決してすべての人々が両成敗を最善の紛争解決策と考えていたわけではなかった。これまでなにかと過大評価されることの多かった喧嘩両成敗法を相対化し、中世社会全体の紛争解決策のなかの一つとして位置づけようというのは、本書の三つめの主張点である。当時の人々は安易に両成敗や折中を持ち出すよりも、そこにいたるまえに、まずその他、さまざまな人智を尽くすことを心がけていたという事実は、喧嘩両成敗の歴史を振り返るとき、ぜひ記憶しておきたいことである。

しかし、紛争の激化にともなって喧嘩両成敗法的な措置が、「衡平」や「相殺」を期待する多くの人々の支持を受けるようになってゆくのも、また事実であった（第六章）。これまでの通説では、戦国大名や統一政権は喧嘩両成敗法の推進者と評価されてきたが、むしろ逆に、彼らは公正な裁判を実現しようとする基本姿勢と人々に支持された喧嘩両成敗法とのあいだで矛盾を抱える存在であった（第七章）。もちろん中世から近世にかけての歴史の大きな潮流は「自力救済から裁判へ」というかたちに収斂してゆくことになる。しかし、現実には紛争において衡平や相殺を求める人々が両成敗に寄せる期待は大きく、喧嘩両成敗法はその命脈をなお日本社会に保ち続けることになったのである。人々の衡平感覚を満たすために発案された喧嘩両成敗法がはらんだ限界面にもしっかりと目を向けようというのは、本書の最後の主張点である。

喧嘩両成敗法についての研究には、いまだにその制定の有無によって大名支配の達成度を測る尺度としようとする研究や、運用面での合理性を強調して高い評価を与えようとする研究が多く見られる。たしかに暴力の応酬のなかから両成敗という一定の解決策を生みだした中世の人々の叡智は賞賛に値する。しかし、「喧嘩両成敗の誕生」はかならずしも歴史の必然ではなく、中世社会に数ある紛争解決策のなかの一つにすぎない。しかも、「自力救済から裁判へ」という大きな歴史の流れのなかで、喧嘩両成敗法は、ある段階から明らかにその流れを押し戻す側の役割を担うようになってしまっている。それでも喧嘩両成敗法は画期的な法だろうか、というのが本書の研究史に対する基本的なスタンスである。

これまでみてきたように、喧嘩両成敗が「誕生」するまでには文字通り血で血を洗う熾烈な葛藤が存在し、「誕生」後も法と復讐心のはざまで複雑なドラマが展開していた。「日本的風土に根づいた伝統」とまでいわれ、ほとんどの歴史教科書にもかならずその名が登場する「喧嘩両成敗」の歴史には、私たちの先祖が復讐心を制御するための格闘と矛盾が刻みこまれていたのである。

エピローグ――「柔和で穏やかな日本人」？

いまから二〇年ほど前、大阪で滑稽な、しかし当事者たちにとっては大真面目な裁判がおきている[1]。

「ダニはお前だ！」

それは、ある小さな町内の自治会での出来事だった。その日は自治会の総会で、おりしも新自治会長の選出が議題だった。その席で、酒店経営のAさん（五四歳）が会長に推薦されたところ、かねて仲の悪かったBさん（無職、五八歳）は、腹立ちまぎれに「不正なことをやるような男に会長は任せられない」「酒屋組合の昨年の自治会館の使用料が支払われていないが、これはどうなっているのか」などという発言を繰り返した。あとでよく調べてみると、このBさんの発言には何ら根拠はなかったようなのだが、Bさんは日頃の鬱憤から、執拗なまでにAさんの会長就任に反対した。しかし、けっきょくBさんの反対もむなしく、新会長には、その場でAさんが選出されてしまったのである。

このときAさんもそのまま黙っていればよかったのだが、こんどばかりはAさんもあまりのBさんの悪口雑言に耐えかねた。Aさんはお決まりの新会長就任の弁のあとで、とうとう怒りを爆発させ、Bさんが息子夫婦と別に月額三〇〇円の自治会費を支払っていないことをとりあげ、満座でBさんを糾弾しはじめた。Aさん曰く、

「会費も支払っていないものが町会のことに口出しをしてもらっては困る」

「町会に一匹のダニがいる。そのダニはお前だ」

　大人げないといってしまえば、これほど大人げない話もないが、このままでは「ダニ」呼ばわりされたBさんも引っ込みがつかない。そこで、Bさんは裁判に訴えて、Aさんに対して名誉毀損として一〇〇万円の慰謝料を要求した。これに対し、Aさんも、さきのBさんによる無根拠な会長就任妨害の言動に対して一〇〇万円の慰謝料と弁護士費用二〇万円の支払いを要求したのである。

　さて、これに対して、大阪地方裁判所が出した判決はどのようなものだったのだろうか。

　この件についての大阪地裁昭和六〇年（一九八五）七月三〇日判決の要旨は、「BはAに対し、金二万円を支払え。AはBに対し、金二万円を支払え」という、きわめて興味深いものだった。つまり、裁判所の判断は、どちらの言動も名誉毀損としては慰謝料一〇〇万円に相当するようなものではなく、せいぜい二万円がいいところだとして、双方が双方に二万円ずつの支払いを認めたわけである。しかし、結果的にこの裁判はAさん・Bさんにとって「どちらも勝ってどちらも負けた」という奇妙なものになってしまったのである。

　この翌日、判決の内容を報道した新聞には「言外に『大人げない争いはやめなさい』との意味を込めたけんか両成敗の大岡裁き」という文章がおどり、裁判所のイキな判決を評価する調子の記事になっていた[2]。しかし、比較法学者の青木《あおき》人志《ひとし》氏によれば、ここでの裁判所の判決は「けんか両成敗」といえるようなものではなく、名誉毀損の成立する法律要件を検討したうえで出されたもので、結果的に興味深い判決になったとはいえ、法律判断自体は別段、特異なものではないという[3]。むしろ、ここで問題なのは、青木氏も指摘するように、この新聞記事に代表されるような、裁判所の判決を「けんか両成敗」ととらえたうえで、「勝者と敗者をはっきりさせず、『まるく』おさめるほうがいい」とする一般社会の価値観が、裁判所の判断とは別のレベルで意外に深く浸透しており、それが日本社会の法意識や法文化を形づくっている、という点なのである。

「痛み分け」思考の日本人

これまでも述べてきたように、中世社会の苛烈な騒擾のなかから生まれた紛争解決策のひとつであった喧嘩両成敗法は、近世にいたってその基本的な使命を終えたことで、たしかに表面的には公の場から姿を消していった。しかし、その後も日本社会に広く深く浸透し、なおもこの法が暗に多くの人々の支持をうけている事実は、この「ダニ発言」裁判をめぐる報道記事にもよく表われている。そして、それが現代の市民生活からはじまって国政の場にまでも、ときおりその姿を垣間見せるというのは、プロローグでも指摘したとおりである。

このほかにも思い当たる例をいくつかあげてみよう。たとえば、現代日本の民法においては「過失《かしつ》相殺《そうさい》」という制度がある[4]。これは、交通事故などで事故の被害者にも一定の過失が認められる場合、損害の割合を被害者・加害者間で分配し、加害者の過失の一部分を相殺しようという制度である。しかし、こうした制度は世界的にはかなり「特異」なもので、日本以外の国々では、被害者側に過失が認められた場合には一切損害賠償は受けられない、というほうが一般的であるという。法学者の能見《のうみ》善久《よしひさ》氏は、こうした英米法にみられるような「すべてか無か」という損害賠償の発想を『勝ち負け』

思考」とよび、対する日本的な損害分担の発想を「『痛み分け』思考」とよんで区分している。

能見氏によれば、このわが国での「特異」な過失相殺制度の歴史は古く、驚くべきことに、明治一五年（一八八二）にフランス人のボアソナードが起草した旧民法にまで遡るという。しかも、それ以前に過失相殺を採用していた民法典はオーストリア民法典一三〇四条しか見当たらず、どうも日本の過失相殺の採用は「当時の最先端」であったらしい。法社会学者の川島武宜《かわしまたけよし》氏は、かつてこの過失相殺制度が日本で受け入れられた背景に「『黒白を明らかにする』ことを回避しようとする『喧嘩両成敗』的思考があったのではないか」と推測している[5]。川島氏の「日本人の法意識」論自体にはすでにいくつもの批判が出されているが、この点については、おそらく妥当な推測なのではないだろうか。しかし、現在、この過失相殺制度については、能見氏も指摘するように、柔軟で衡平な損害分担を図ることができるという反面、なんとなく損害を分担することで調和を図るという結果に陥りがちである点について、細心の注意が求められているという。一方で柔軟と衡平は守られねばならないが、その一方で喧嘩両成敗法的な思考の限界についても、私たちは今後、より意識してゆかなければならないのかもしれない。

また、現在、一般会社員などが加入する厚生年金や健康保険の保険料は、勤め先と本人で折半するのが原則となっている。しかし、この労使折半の原則がいつ頃はじまり、どのような根拠をもっているかについては、ほとんど不明なのだという[6]。確実に遡れるだけでも、大正一一年（一九二二）に初めて成立した健康保険法には、すでに労使折半が盛り込まれているというのだから、この歴史も相当に古いことになる。その折半の根拠にいたっては、諸説あって専門家のあいだでも定まらず、けっきょく「会社に応分の負担を求めるなら『割り勘』が分かりやすい。そんな現実的な配慮が働いた節もある」という。これと喧嘩両成敗法を直接につなげるのはいくらなんでも強引かもしれないが、「『割り勘』が分かりやすい」という思考自体は、喧嘩両成敗法を成り立たせていた中世社会の相殺主義にまで通じるものといえるだろう。しかし、これまで誰も疑問に思ってこなかった、この労資折半の負担割合については、まさに現在、財界が事業主負担の軽減を声高に求めてきたことにはじまって、企業の社会的責任や制度の意義を踏まえた根本的な見直しが迫られている。その意味で、折中、折半に価値をおいてきた私たちの伝統的思考様式は、ここでも、いま大きな曲がり角にきているといえる。

あるいは、より深刻な問題として、現代日本の刑事事件の被害者救済・被害者保障の問題に立ちはだかる「壁」についても、喧嘩両成敗法や中世以来の衡平感覚との関連が指摘できるかもしれない。というのも、現在、まったくいわれのない事件に巻き込まれて心身に傷を負った被害者に対して、マスコミや無関係者によって「被害者側の落ち度」が穿鑿《せんさく》され、しばしばそれが被害者を二重に苦しめ、また公的機関による被害者救済を遅らせているという悲劇がある。これは直接にはマスコミ倫理の問題になるのだろうが、そうした情報を渇望する国民の側に、なんらかの事件になる以上、被害者側にも相応の「落ち度」があったはずだ、という無根拠な思い込みがないとは言いきれない。それ自体、喧嘩両成敗法や折中の法を成り立たせた中世人の心性の重要な一要素でもあるが、もし、それが数百年を経た現在まで無責任に信奉されているのだとすれば、私たちの社会が荷った〝負の遺産〟はあまりに大きいものであったといわざるをえない。

「痛み分け」「足して二で割る」「玉虫色」という言葉に象徴されるような、激烈な争いを好まず、なにごとも「まるく」おさめる「柔和で穏やかな日本人」像というのは、とかく現代日本人が好む自己イメージである。「けんか両成敗」を「日本的風土に根付いた伝統」として肯定的に評価する立場も、おそらく同様の自己認識のうえに立っているのだろう。たしかに、町内会の口げんかレベルなら無理に白黒つけるよりも「まるく」おさめるほうが賢明である、と考えるのもわからなくはない。また、いま日本の内外で単純な〈善／悪〉や〈勝ち組／負け組〉の色分けがはびこり、それにともなう悲喜劇が現在進行形で展開していることを思うと、「足して二で割る」とか「まるく」おさめる知恵をもういちど見直す余地はあるかもしれない。しかし、どんなときも必要以上に「調和」が優先され、そのために「事実」が軽視されるようでは、やはりそれはそれで問題である。現に、喧嘩両成敗法を生み出した中世の人々ですら、折中や両成敗的措置に安易に飛びついたわけではなく、そこにいたるまでの過程では十分な討議を尽くしたのである。「喧嘩両成敗の誕生」の歴史から私たちが本当に学ばなければならないことは、結果としての「両成敗」ではなく、そこにいたるまでの真摯なプロセスにあるのではないだろうか。

「柔和で穏やかな日本人」？

さらに、喧嘩両成敗法が形成されるまでの壮絶な歴史を知ってしまった今、私たちには、そもそも「柔和で穏やかな日本人」という自己イメージすらも、かなり欺瞞的なものに思えてくる。すでに第二章（三〇〜三一頁）でも引用したものだが、戦国時代の日本を訪れた外国人が残した日本人の復讐心についての観察談に、もういちど耳を傾けてみよう。

彼等は、感情を表すことにははなはだ慎み深く、胸中に抱く感情を外部に示さず、憤怒の情を抑制しているので、怒りを発することは稀である。（中略）互いにははなはだ残忍な敵であっても、相互に明るい表情をもって、慣習となっている儀礼を絶対に放棄しない。（中略）胸中を深く隠蔽していて、表面上は儀礼的で鄭重な態度を示すが、時節が到来して自分の勝利となる日を待ちながら堪え忍ぶのである[7]。

中世日本人は決して瞬間的にキレるのではなく、その場は必要に応じた儀礼関係を維持し、しかし決して復讐を忘れず、その日が来るのを虎視眈々とうかがいつづける。当時の西洋人にとっては、この日本人の恨みを内に秘めた「穏やかさ」が相当に不気味だったようだ。ほかの宣教師も同様に「われわれの間では偽りの笑いは不真面目だと考えられている。日本では品格のある高尚なこととされている」と述べており、彼らは現代日本人もよくやる「お愛想笑い」をきわめて不可解なものと感じていたらしい[8]。

自力救済を旨とする一方で、天皇を頂点とする独特な身分制《カースト》のヒエラルキーが強固に残ったのも、中世日本の大きな特徴である。そうした社会にあって、人々はその地位や状況にふさわしい振る舞いをし、私的な復讐心を内に秘める術を身につけていった。その結果、彼らは自己の名誉についてきわめて過敏でありながらも、それを内面化する粘着型の気質を帯びていったようである。宣教師たちは、こうしたそうした当時の人々の複雑な心性を違和感とともに鋭く感じとっていたのだろう。そして、こうした気質をもった人々のあいだでおきる紛争を円満に解決しようとした場合、その解決法は正邪の判断よりも、双方の体面や損害の均衡をはかるということに重点が置かれるようになってゆくのは、必然的な流れといえるだろう。

考えてみれば、自力救済行為が横行していたのは、なにも中世日本に限ったものではないし、衡平感覚といったものも、大なり小なりどの民族も共有しているものである。なのに、なぜ日本にだけ喧嘩両成敗法という人類史的に特異な法が生まれたのか、ということを考えるとき、やはり、こうした中世日本がもった歴史的特殊性という側面も考慮しておかなければならない問題だろう。けっきょく、喧嘩両成敗法という、一面で極度に双方の主体性を無視しながらも、反面で極度に双方の体面に配慮したともいえる不思議な法を生み出していった背景にも、そうした当時の日本人の複雑な気質があったと思われるのである。

たしかに、水と緑に育まれた「柔和で穏やかな日本人」像というのは、数ある「日本人」論のなかで繰り返し唱えられ、それ自体、私たちにとっても居心地のいい自己認識である。しかし、それすらも凶暴性を内面に沈潜させる日本人の執念深さを反映したものだとしたら、はたして私たちは呑気に構えていてよいものだろうか。現に、そうした心性の産物ともいうべき特異な法が、かたちを変えつつも現在まで生きのびている事実を考えるとき、私などはそこに一抹の危惧を抱かざるをえないのである。

中世日本人の激情的で執念深い厄介な気質は、案外、いまの私たちにも受け継がれているのかもしれない……、と。

註

●プロローグ

1 全国歴史教育研究協議会編『日本史B用語集』(山川出版社・二〇〇四年)。

2 岡崎久彦「〈NGO〉問題で考えたこと」(「産経新聞」二〇〇二年二月二〇日朝刊)。厳密には、岡崎氏は外相更迭、委員長解任、外務次官更迭の三つの処分を併せて「両成敗」と評している。

3 「日本経済新聞」一九七四年一二月二日朝刊、「朝日新聞」同年同月同日朝刊。

●第一章

1 『看聞日記』永享四年五月二四日条(『続群書類従』所収)、『満済准后日記』同年同月二〇日条(『続群書類従』所収)。

2 『看聞日記』応永三一年六月一二日条。

3 『看聞日記』永享一〇年一〇月一八日条。

4 瀬田勝哉「荘園解体期の京の流通」(同『洛中洛外の群像』平凡社・一九九四年、初出一九九三年)。

5 『看聞日記』応永三一年三月一日条。

6 『建内記』永享一一年六月二三日条(『大日本古記録』所収)。

7 『大乗院寺社雑事記』文明一一年五月五日条(『増補続史料大成』所収)。

8 「不足」が本義を離れて「過剰攻撃」の意となった用例には『二水記』享禄五年正月二三日条などがある。

9 『建内記』文安元年五月六日条。

10 『建内記』文安元年六月一〇日条。

11 黒田日出男『[絵巻]子どもの登場』(河出書房新社・一九八九年)。

12 『後慈眼院殿御記』明応三年九月二四日条(『九条家歴世記録』所収)、『足利季世記』巻二(『改定史籍集覧』所収)など。なお、末柄豊「細川政元と修験道」(『遥かなる中世』一二号・一九九二年)参照。

13 「大館持房行状」(三浦周行「足利時代に於ける上流武士の公私生活」同『日本史の研究　新輯三』岩波書店・一九八二年、初出一九三一年、所収)。切腹については、拙稿「室町殿の紛争解決法」(拙著『室町社会の騒擾と秩序』吉川弘文館・二〇〇四年)、および本書第六章参照。

14 『師郷記』文安三年五月一四日条(『史料纂集』所収)。

15 『後愚昧記』応安三年九月二六日条(『大日本古記録』所収)。

16 氏家幹人『江戸藩邸物語』(中央公論社〈中公新書〉・一九八八年)、山本博文『武士と世間』(中央公論新社〈中公新書〕・二〇〇三年）など。

●第二章

1　バリニャーノ〔松田毅一ほか訳〕『日本巡察記』（平凡社〔東洋文庫〕・一九七三年）一二・九二頁。渡辺京二『日本近世の起源』（弓立社・二〇〇四年）第一章参照。同様の意識構造については、桜井英治『室町人の精神（日本の歴史一二）』（講談社・二〇〇一年）第一章にも指摘がある。

2　『大乗院寺社雑事記』文明四年五月一四日条（『増補続史料大成』所収）。

3　一五七七年九月二〇（二一）日付、ベルナルディーノ・フェラーロ宛、オルガンティーノ書簡（SⅡ一四六—七、註1書二九五頁所引）。

4　『経覚私要鈔』宝徳二年六月晦日条（『史料纂集』所収）、『康富記』同年同月二七日条（『増補史料大成』所収）。宇高有光については、岡田謙一「和泉上守護代宇高氏についての基礎的考察」（『日本歴史』六二二号・二〇〇〇年）参照。

5　『同』宝徳二年九月二〇日条。

6　『同』宝徳二年九月二七日条。

7　石井良助「古法制雑考（一二）」（『国家学会雑誌』五五巻七号・一九四一年）、同『江戸の町奉行　その他（第一　江戸時代漫筆）』（自治日報社出版局・一九五九年）。

8　山内進『決闘裁判』（講談社〔講談社現代新書〕・二〇〇〇年）。

9　前述の敵討の研究史の詳細、および鎌倉期以前の敵討の実態については、石井進『中世武士団（日本の歴史一二）』（小学館・一九七四年）、同「中世社会論」（同『中世史を考える』校倉書房・一九九一年、初出一九七六年）を参照。

10　『康富記』応永二四年八月二〇日条。

11　「御前落居記録」五一（『室町幕府引付史料集成』所収）。

12　康安二年二月一五日　氏名未詳書状幷諏訪大進房円忠勘注状（『教王護国寺文書』四四一号）。

13　笠松宏至「『傍例』の亡霊」（同『法と言葉の中世史』平凡社〔平凡社選書〕・一九八四年、初出一九七四年）。

14　勝俣鎮夫「中世武家密懐法の展開」（同『戦国法成立史論』東京大学出版会・一九七九年、初出一九七二年）。

15　藤木久志『豊臣平和令と戦国社会』（東京大学出版会・一九八五年）、同『戦国の作法』（平凡社〔平凡社選書〕・一九八七年）、酒井紀美『日本中世の在地社会』（吉川弘文館・一九九九年）、稲葉継陽「中世史における戦争と平和」（『日本史研究』四四〇号・一九九九年）、同「中・近世移行期の村落フェーデと平和」（歴史学研究会編『紛争と訴訟の文化史〔シリーズ歴史学の現在　二〕』青木書店・二〇〇〇年）など。

16 この法諺とその背景については、中田薫「古法制雑筆」（同『法制史論集　第三巻下』岩波書店・一九四三年、初出一九二〇年）、羽下徳彦「中世本所法における検断の一考察」（石母田正・佐藤進一編『中世の法と国家』東京大学出版会・一九六〇年）、酒井紀美「『獄前の死人…』をめぐって」（藤木久志・蔵持重裕編『荘園と村を歩くⅡ』校倉書房・二〇〇四年）参照。

17 以下の記述についての細かな論証は、拙稿「中世社会の復讐手段としての自害」（拙著『室町社会の騒擾と秩序』吉川弘文館・二〇〇四年）参照。

18 佐藤進一・池内義資・百瀬今朝雄編『中世法制史料集　第三巻　武家家法Ⅰ』（岩波書店・一九六五年）。

19 『建内記』嘉吉元年七月一七日条（『大日本古記録』所収）。

20 『康富記』嘉吉四年正月一一日条。

21 『親長卿記』長享元年八月九日条（『増補史料大成』所収）。

22 『看聞日記』応永二七年九月二〇日条（『続群書類従』所収）。

23 『同』永享三年六月四日条。

24 『同』永享三年七月一四日条。

25 今泉淑夫校注『一休和尚年譜（一・二）』（平凡社〔東洋文庫〕・一九九八年）。

26 たとえば、永原慶二『下剋上の時代〔日本の歴史　一〇〕』（中央公論社・一九六五年）など。

27 勝俣鎮夫「死骸敵対」（網野善彦・石井進・笠松宏至・勝俣鎮夫『中世の罪と罰』東京大学出版会・一九八三年）。

28 笠松宏至「折中の法」（同『法と言葉の中世史』平凡社〔平凡社選書〕・一九八四年、初出一九七七年）。

29 千葉徳爾『たたかいの原像』（平凡社〔平凡社選書〕・一九九一年）。

30 二本松藩の事例は「松藩廃家録　坤」岡田長兵衛の項（『二本松市史』第五巻所収）、徳島藩の事例は「異事旧記」梶浦平次衛門切腹之事（『阿波国徴古雑抄』所収）。

31 「仮名手本忠臣蔵」（『浄瑠璃集　上〔日本古典文学大系〕』所収）。

32 B・マリノウスキー（青山道夫訳）『未開社会における犯罪と慣習』（新泉社・一九八四年、原著は一九二六年）六九頁。

33 三木聰「伝統中国における図頼の構図」（歴史学研究会編『紛争と訴訟の文化史〔シリーズ歴史学の現在　二〕』青木書店・二〇〇〇年）。

34 モーリス・パンゲ（竹内信夫訳）『自死の日本史』（筑摩書房・一九八六年、原著は一九八四年）、岸田秀「〈自殺〉が映す日本文化」（『毎日新聞』一九九八年三月一六日朝刊）。

第三章

1 『十輪院内府記』文明一七年八月九・一〇日条（『史料纂集』所収）、『蔭凉軒日録』同年同月九日条（『増補続史料大成』所収）、『後法興院政家記』同年同月同日条（『陽明叢書　記録文書篇』所収）。史料中の「三吉某」を三好之長と比定するのは、今谷明『戦国三好一族』（新人物往来社・一九八五年）に従った。

2 『言継卿記』享禄五年正月二三日条（続群書類従完成会）、『二水記』同年同月同日条（『大日本古記録』所収）、『実隆公記』同年同月同日条（続群書類従完成会）。

3 「両伝奏」については、瀬戸薫「室町期武家伝奏の補任について」（『日本歴史』五四三号・一九九三年）参照。

4 笠谷和比古「近世武家屋敷駈込慣行」（同『近世武家社会の政治構造』吉川弘文館・一九九三年、初出一九八〇年）。

5 『看聞日記』応永二八年九月二六日条（『続群書類従』所収）。本史料の「赤松有馬入道」が有馬義祐であることについては、今谷明「摂津における細川氏の守護領国」（同『守護領国支配機構の研究』法政大学出版局・一九八六年、初出一九七八年）参照。

6 『満済准后日記』永享五年閏七月一日条（『続群書類従』所収）。

7 『満済准后日記』永享五年七月二三日条。

8 田沼睦「『とはずがたり』の下人史料」（『月刊歴史』一〇号・一九六九年）。「今川かな目録追加」第七条（『中世法制史料集　第三巻　武家家法Ｉ』）参照。

9 ルイス・フロイス〔岡田章雄訳〕『ヨーロッパ文化と日本文化』（岩波書店〔岩波文庫〕・一九九一年）。

10 網野善彦『増補　無縁・公界・楽』（平凡社〔平凡社選書〕・一九八七年、初版一九七八年）。

11 『晴富宿禰記』文明一一年五月二三・二七・二八日条（『図書寮叢刊』所収）、『長興宿禰記』同年同月二三日条（『史料纂集』所収）。

12 『大乗院寺社雑事記』文正元年九月九日条（『増補続史料大成』所収）。

13 『満済准后日記』永享四年七月九日条。

14 『康富記』宝徳二年七月一九日条（『増補史料大成』所収）、『経覚私要鈔』同年同月四日条（『史料纂集』所収）。細川頼久については、岡田謙一「統源院殿春臺常繁小考」（『ヒストリア』一六七号・一九九九年）参照。

15 笹野堅校訂『大蔵虎寛本　能狂言（下）』（岩波書店〔岩波文庫〕・一九四五年）。

16 岡見正雄校注『義経記〔日本古典文学大系〕』（岩波書店・一九五九年）。

17 笠松宏至「『墓所』の法理」（同『日本中世法史論』東京

大学出版会・一九七九年、初出一九七一年)。
18 『大乗院寺社雑事記』文明一一年二月二二日条。
19 『看聞日記』応永二六年六月二三日条。
20 『薩戒記』応永三三年二月一日条(東京大学史料編纂所写真帳による)。室町期の吉良氏については、北原正夫「室町期三河吉良氏の一研究」(愛知教育大学歴史学会『歴史研究』二七・二八合併号・一九八三年)参照。
21 『建内記』永享二年二月二三日条(『大日本古記録』所収)。
22 榎原雅治「室町時代の旅館」(『加能史料会報』一三号・二〇〇二年)。
23 『満済准后日記』永享二年八月七日条。桜井英治『室町人の精神』(日本の歴史一二)』(講談社・二〇〇一年)一一八〜一一九頁参照。
24 『満済准后日記』正長二年四月二四日条。
25 『師郷記』文安元年一二月一二日条(『史料纂集』所収)。
26 こうした中世人の個人と集団の関係については、勝俣鎮夫「国質・郷質についての考察」(同『戦国法成立史論』東京大学出版会・一九七九年、初出一九六九年)、田中克行「全国『郷質』『所質』分布考」(同『中世の惣村と文書』山川出版社・一九九八年)参照。
27 『大乗院寺社雑事記』文明四年一二月一二日条。勝俣鎮夫「戦国法」(同『戦国法成立史論』東京大学出版会・一九七九年、初出一九七六年)参照。

●第四章

1 ミッタイス、リーベリッヒ(世良晃志郎訳)『ドイツ法制史概説 改訂版』(創文社・一九七一年、原著は一九六九年)五九・一五五頁。阿部謹也「人間狼の伝説」(同『中世の星の下で』筑摩書房〔ちくま文庫〕・一九八六年、初出一九八〇年)など参照。
2 落武者狩りについての専論としては、今谷明「落武者襲撃の慣行」(同『天皇と天下人』新人物往来社・一九九三年、初出一九八九年)、藤木久志「村の動員」(同『村と領主の戦国世界』東京大学出版会・一九九七年、初出一九九三年)がある。
3 『碧山日録』応仁二年九月八日条(『増補続史料大成』所収)。
4 『兼見卿記』天正元年七月一八日条(『史料纂集』所収)。
5 『信長公記』巻六—八(角川書店〔角川文庫〕)。なお、今谷前掲論文では、引用前の部分を「御鎧の袖をぬがさせられ」として義昭が掠奪に遭った史料として利用しているが、該当部分は正しくは「御鎧の袖をぬらさせられ」である。
6 『盲聾記』永正一七年二月一七日条(東京大学史料編纂所写真帳による)。本日記の作者名および正しい書名は、末柄豊「『盲聾記』記主考」(『日本歴史』五八二号・一九九六年）参照。なお、当時の具足の剝ぎ取りについては、即物的な掠奪とはべつに、武装解除のシンボリックな意味があったとする指摘もある（山口研一「甲を脱ぐ」藤木久志編『朝日百科　日本の歴史別冊　歴史を読みなおす15　城と合戦』・朝日新聞社・一九九三年）。

7　『建内記』嘉吉元年七月四日条（『大日本古記録』所収）。

8　『後柏原院御記』永正六年正月一二日条（東京大学史料編纂所写真帳による）。

9　『本福寺跡書』「東山大谷殿破却之事」（『蓮如・一向一揆〈日本思想大系〉』所収）。

10　藤木前掲論文参照。

11　『満済准后日記』永享六年一〇月二日条（『続群書類従』所収）。

12　『太平記』巻第一六「備中福山合戦事」（『日本古典文学大系』所収）。

13　「太閤さま軍記のうち」（『太閤史料集〈戦国史料叢書1〉』所収）。

14　『後愚昧記』康暦元年閏四月一四日条（『大日本古記録』所収）。

15　本節の内容についての細かな論証は、拙稿「政権抗争劇のなかの都市民衆」（拙著『室町社会の騒擾と秩序』吉川弘文館・二〇〇四年、初出二〇〇〇年）参照。

16　『長禄四年記』長禄四年九月二〇日条（設楽薫「室町幕府評定衆摂津之親の日記『長禄四年記』の研究」『東京大学史料編纂所研究紀要』三号・一九九二年）。

17　『親長卿記』文明九年一一月一二日条（『史料纂集』所収）。

18　『建内記』嘉吉元年七月三日条。

19　『宣胤卿記』永正四年七月二五日条（『増補史料大成』所収）。

20　『二水記』天文元年八月二三〜二六日条（『大日本古記録』所収）。

21　『満済准后日記』応永三四年一〇月二六日条（『続群書類従』所収）。

22　『師守記』貞和五年八月一五日条（『史料纂集』所収）。

23　『後愚昧記』貞治六年一二月九日条（紙背）。

24　『戴恩記』下（『戴恩記・折たく柴の記・蘭学事始〈日本古典文学大系〉』所収）。

25　『兼見卿記』元亀四年七月一三日条（『史料纂集』所収）。

26　笠松宏至「盗み」（網野善彦・石井進・笠松宏至・勝俣鎮夫『中世の罪と罰』東京大学出版会・一九八三年）。

27　本節の内容についての細かな論証は、拙稿「室町幕府『流罪』考」（前掲拙著所収）参照。

28　『看聞日記』応永二七年一〇月一〇日条（『続群書類従』所収）。ほかに、九月五日・六日・八日・一一日・一三日・一四日・二三日・一一月七日条、『師郷記』同年九月一〇日条（『史料纂集』所収）、『康富記』同年九月一日・

一〇日・一三日・一五日・二〇日・一〇月九日条（『増補史料大成』所収）参照。

29 瀬田勝哉「伊勢の神をめぐる病と信仰」（同『洛中洛外の群像』平凡社・一九九四年、初出一九八〇年）。

30 『吉田家日次記』応永七年一一月二九日条（東京大学史料編纂所写真帳による）。小川剛生「為右の最期」（『日本古典文学会々報』一三二号・二〇〇〇年）参照。

31 『看聞日記』永享六年五月一六日条。

32 『看聞日記』永享一〇年正月九日条。斎木一馬「恐怖の世」（同『古記録の研究　下〔斎木一馬著作集　二〕』吉川弘文館・一九八九年、初出一九六八年）参照。

33 『園太暦』貞和五年八月一五日条（続群書類従完成会）。

34 『園太暦』同年同月一七日条。

35 『看聞日記』応永二三年一一月二五日条。

36 『看聞日記』応永二五年三月一二日条。

37 『看聞日記』永享三年一一月一八日条。

38 『大乗院寺社雑事記』長禄三年正月一六日条（『増補続史料大成』所収）。

39 『満済准后日記』永享五年閏七月二五日条。

40 「足利将軍御内書并奉書留」二六号（『室町幕府関係引付史料の研究』昭和六十三年度科学研究費補助金一般研究(B)研究成果報告書、研究代表　桑山浩然、一九八九年）。

41 佐藤進一・池内義資・百瀬今朝雄編『中世法制史料集　第三巻　武家家法Ⅰ』（岩波書店・一九六五年）所収。

●第五章

1 三浦周行「喧嘩両成敗法」（同『法制史の研究』岩波書店・一九一九年、初出一九〇〇年）。

2 戦後、喧嘩両成敗法について言及した文献は無数にあるが、主なものをあげれば、以下のとおりである。辻本弘明「両成敗法の起源」（同『中世武家法の史的構造』岩田書院・一九九九年、初出一九六八年）、服藤弘司「喧嘩両成敗法」（『社会科学の方法』二〇号・一九七一年）、石井紫郎「中世の法と国制に関する覚書」（同『日本国制史研究Ⅱ　日本人の国家生活』東京大学出版会・一九八六年、初出一九七一年）、勝俣鎮夫「戦国法」（同『戦国法成立史論』東京大学出版会・一九七九年、初出一九七六年）、羽下徳彦「故戦防戦をめぐって」（『論集　中世の窓』吉川弘文館・一九七七年）、高木昭作「『秀吉の平和』と武士の変質」（同『日本近世国家史の研究』岩波書店・一九九〇年、初出一九八四年）、尾藤正英「戦国大名と幕藩体制」（同『江戸時代とはなにか』岩波書店・一九九二年、初出一九八五年）、藤木久志「村の故戦防戦法」（同『戦国の作法（増補版）』平凡社〔平凡社ライブラリー〕・一九九八年、初出一九九一年）、谷口眞子「喧嘩両成敗法の理念とその社会的背景」・同「正当防衛の『発見』（ともに同『近世社会と法規範』吉川弘文館・二〇〇五年、初出一九九七年）、河野恵一「戦国大名毛利氏の喧嘩処理に関する一考察」（『法制史研究』五〇号・二〇〇〇年）、畠山亮「中世後期に於ける暴力の規制について」（『法学』六五巻一号・二〇〇一年）など。このほか、最近、喧嘩両成敗法をめぐる研究史整理を行ったものに、河野恵一「自力救済とその規制」（山内進・加藤博・新田一郎編『暴力』東京大学出版会・二〇〇五年）がある。

3 藤木久志『豊臣平和令と戦国社会』（東京大学出版会・一九八五年）、同『戦国の作法』（平凡社〔平凡社選書〕・一九八七年）など参照。

4 脇田晴子『戦国大名〔大系日本の歴史七〕』（小学館・一九八八年）、池上裕子『戦国の群像〔集英社版日本の歴史一〇〕』（集英社・一九九二年）、久留島典子『一揆と戦国大名〔日本の歴史一三〕』（講談社・二〇〇一年）参照。

5 羽下徳彦「領主支配と法」（『岩波講座日本歴史五　中世一』岩波書店・一九七五年）。

6 佐藤進一・池内義資編『中世法制史料集　第一巻　鎌倉幕府法』（岩波書店・一九五五年）所収。および石井進ほか校注『中世政治社会思想　上〔日本思想大系〕』（岩波書店・一九七二年）参照。

7 蔵持重裕「苅田狼藉の本源」（同『日本中世村落社会史の研究』校倉書房・一九九六年、初出一九九三年）。なお、同様の通念が古代社会にまで遡るものであったことは、荒木敏夫「八・九世紀の在地社会の構造と人民」（『歴史学研究』一九七四年増刊号）参照。

8 菅野文夫「本券と手継」（『日本史研究』二八四号・一九八六年）、西谷地晴美「中世的土地所有をめぐる文書主義と法慣習」（『日本史研究』三二〇号・一九八九年）など参照。

9 『看聞日記』永享一〇年一二月一九日条（『続群書類従』所収）。

10 『看聞日記』永享一〇年六月一一日条。

11 『晴富宿禰記』文明一一年五月二三・二七・二八日条（『図書寮叢刊』所収）、『長興宿禰記』同年同月二三日条（『史料纂集』所収）。ほか『大日本史料』第八編一一巻には本事件の関連史料が多く収載されている。勝俣鎮夫「中世武家密懐法の展開」（同『戦国法成立史論』東京大学出版会・一九七九年、初出一九七二年）参照。

12 『晴富宿禰記』文明一一年五月一六日条。

13 近世社会の妻敵討の実態については、氏家幹人『不義密通』（講談社〔講談社選書メチエ〕・一九九六年）を参照。

14 「最勝光院方評定引付」文亀元年五月六日評定（東京大学史料編纂所写真帳による）。

15 「廿一口方評定引付」文明一九年七月一日評定（『大日本古文書　東寺文書之四』）。『大乗院寺社雑事記』康正三年三月二八〜二九日条（『増補続史料大成』所収）。勝俣鎮夫「家を焼く」（網野善彦・石井進・笠松宏至・勝俣鎮夫『中世の罪と罰』東京大学出版会・一九八三年）参照。

16 第三章註2参照（主に『二水記』享禄五年正月二三日条を参照）。

17 「六角氏式目」第一二条（『中世法制史料集　第三巻　武家家法Ⅰ』所収）。

18 慶長一一年三月五日　近江三上村年寄大谷道安覚書（「御上神社文書」）。

19 ちなみに、かの有名な「目には目を、歯には歯を」という一文は、正確にはハンムラビ法典の文章ではなく、聖書のマタイによる福音書五章三八節、出エジプト記二一章二四節が典拠である。ハンムラビ法典には「もし上層市民が仲間の目を損なったなら、彼らは彼らの目を損なわなくてはならない」「もし上層市民が彼と対等な上層市民の歯を折ったなら、彼らは彼の歯を折らなければならない」などの表現がなされている（中田一郎訳『原典訳　ハンムラビ「法典」』リトン・一九九九年）。

20 『康富記』康正元年一〇月一二日条（『増補史料大成』）、『師郷記』同年同月同日条（『史料纂集』）。

21 『日本国語大辞典（第二版）』第一二巻（小学館・二〇〇一年）の「持（もち）」の項を参照。

22 『看聞日記』応永二七年八月二四日条。なお、『満済准后日記』同年同月二二日条（『続群書類従』所収）では、喧嘩をした土岐刑部大輔と土岐右馬頭は相打ちではなく、右馬頭が最初に斬られ、刑部大輔が直後に自害したとされており、しかも二人ともその場では死なかったらしい。記者満済の立場から考えて、こちらの情報が真実である可能性は高いが、ここでは話の真偽よりも、その話を聞いた当時の人々の認識を問題としているので、とりあえず『看聞日記』の情報に依拠することにする。

23 村上淳一『近代法の形成』（岩波書店〔岩波全書〕・一九七九年）第四章、遠峰四郎『イスラム法入門』（紀伊國屋書店〔紀伊國屋新書〕・一九六四年）一二三〜一二九頁など。なお、本文で述べた以外に室町期の同様の意識を語る史料には、『後法興院政家記』文明一一年六月一日・明応四年七月一八日条（『陽明叢書』所収）がある。

24 榎原雅治「むすびあう地域」（坂田聡・榎原雅治・稲葉継陽『村の戦争と平和〔日本の中世一二〕』中央公論新社・二〇〇二年）。なお、諸外国の神判については、R・バートレット〔竜嵜喜助訳〕『中世の神判』（尚学社・一九九三年）など参照。

25 『看聞日記』永享八年五月一九・二一・二四日、閏五月六日条。

26 『粉河寺旧記（天英本）』文明一六年正月一七日条（『粉河町史　第三巻』「御池坊文書」所収）。

27 六角義賢?・条書写（『中世法制史料集　第四巻　武家家法Ⅱ』四一九号）。

28 瀬田勝哉「『鬮取』についての覚書」（『武蔵大学人文学会雑誌』一四―四・一九八二年）、今谷明『籤引き将軍足利義教』（講談社〔講談社選書メチエ〕・二〇〇三年）。

29 『満済准后日記』正長元年五月一三日条。笠松宏至「折中の法」（同『法と言葉の中世史』平凡社〔平凡社選書〕・一九八四年、初出一九七七年）参照。

30 笠松前掲論文。

31 山内進「同意は法律に、和解は判決に勝る」（歴史学研究会編『紛争と訴訟の文化史〔シリーズ歴史学の現在二〕』青木書店・二〇〇〇年）。

32 中世社会の衡平感覚が喧嘩両成敗法を生み出す基礎となったことについては、石母田正「歴史学と『日本人論』」（『石母田正著作集　八　古代法と中世法』岩波書店・一九八九年、本稿は一九七三年の講演録）、勝俣鎮夫「戦国法」（同『戦国法成立史論』東京大学出版会・一九七九年、初出一九七六年）、勝俣鎮夫「喧嘩両成敗」（『国史大辞典　五』吉川弘文館・一九八五年）、同「『今川かな目録』の制定」（『静岡県史　通史編二　中世』一九九七年）などを参照。

33 『中世法制史料集　第六巻　公家法・公家家法・寺社法』寺社法六号。本史料が喧嘩両成敗的措置の初見例であることについては、上記史料集の刊行以前に前川祐一郎氏よりご教示をいただいた（なお、同史料集の寺社法一〇号・一一号・一三号の内山永久寺定書案でも両成敗的規定は採用され続けており、その後も寺内で遵守すべき規範となっていたことがうかがえる）。なお、『吾妻鏡』建久二年九月二一日条・仁治二年一一月二九・三〇日条（『新訂増補国史大系』）など、鎌倉期においても喧嘩に対する処罰が結果的に両成敗的措置になっている事例を見出すことができる。ただ、それらは①あえて理非を問わなかったわけではなく、②あらかじめ法によって定められたところに従ったわけでもなく、たまたま量刑が同等になったにすぎない（三浦前掲論文参照）。もちろん、その量刑の背後に一定の衡平感覚が働いていた可能性は否定できないにしても、それらを喧嘩両成敗法の適用事例として扱うのは適切ではないと考え、ここでは考察から除いた。

34 「大同寺文書」二一―一号（『兵庫県史　史料編　中世三』）。

35 「青方文書」三九三号（『史料纂集』所収）。

36 藤木久志「戦国法の形成過程」（同『戦国社会史論』東京大学出版会・一九七四年、初出一九六七年）、勝俣前掲「戦国法」。

37 笹野堅校訂『大蔵虎寛本　能狂言（下）』（岩波書店〔岩波文庫〕・一九四五年）。

38 牧英正「下手人という仕置の成立」（日本大学法学会編『法制史学の諸問題』厳南堂書店・一九七一年）、勝俣前掲「戦国法」。

39 前田禎彦「摂関期の闘乱・濫行事件」、告井幸男「摂関期の騒擾事件と権門・検非違使」（ともに『日本史研究』四三三号・一九九八年）。

40 『看聞日記』永享一三年正月一一日条。

41 『大乗院寺社雑事記』長禄二年一一月二九日条。

42 林屋辰三郎「『座』のシンボル」（『豊田武著作集　第一巻　座の研究　付録』吉川弘文館・一九八二年）。

43 『大乗院寺社雑事記』文亀二年六月二四日条。

44 笠原一男・井上鋭夫校注『蓮如・一向一揆（日本思想大系）』（岩波書店・一九七二年）所収。

45 『康富記』文安五年七月二五日条。

46 氏家幹人『武士道とエロス』（講談社〔講談社現代新書〕・一九九五年）、同「堀田正盛の肌」（『歴博』一〇七号・二〇〇一年）。

47 『康富記』宝徳三年九月九日条。

48 『中世法制史料集　第二巻　室町幕府法』参考三一六条。室町期、甲斐武田氏が鎌倉に在住することは稀だったらしく、わずかに武田信長が応永三三年八月から永享五年三月まで在倉していたことが知られるぐらいである（杉山一弥「室町幕府と甲斐守護武田氏」『国学院大学大学院紀要　文学研究科』三二輯・二〇〇一年）。本史料に描かれている事件が、この武田信長の在倉期の話であったとすれば、ここでの「武田」は武田信長をさし「上杉」は上杉憲実をさすことになる。

●第六章

1 勝俣鎮夫『一揆』（岩波書店〔岩波新書〕・一九八二年）。

2 中嶋謙昌「一門三賢説話と能」（『国語国文』七〇巻九号・二〇〇一年）、同「能《正儀世守》の造型と作者」（『京都大学国文学論叢』七号・二〇〇一年）、内山美樹子「『小篠』以前」（『国語と国文学』七九巻四号・二〇〇二年）、田草川みずき「能『正儀世守』周辺」（『演劇研究センター紀要』Ⅰ・二〇〇三年）。

3 『多聞院日記』天文一九年三月二九日条・同年四月六日条（『増補続史料大成』所収）。

4 翻刻は、大和田建樹『謡曲評釈』第八輯（博文館・一九〇八年）もしくは『校註日本文学大系』第二一巻（国民図書株式会社・一九二六年）を参照。「野坂本」については、法政大学能楽研究所写真帳を参照した。

5 大和田建樹『謡曲評釈』第八輯（博文館・一九〇八年）。

6 『校註日本文学大系』第二一巻（国民図書株式会社・一九二六年）。

7 この発言の背景については、第二章三七～三八頁参照。

8 飯淵康一「平安時代里内裏住宅の空間的秩序」（同『平安時代貴族住宅の研究』中央公論美術出版・二〇〇四年、初出一九八四年）、野口孝子「平安宮内の道」（『古代文化』五五号・二〇〇三年）、同「閑院内裏の空間領域」（『日本歴史』六七四号・二〇〇四年）、桃崎有一郎「中世里内裏陣中の構造と空間的性質について」（『史学』七三巻二～三号・二〇〇四年）、同「中世里内裏の空間構造と『陣』」（『日本歴史』六八六号・二〇〇五年）。

9 前掲中嶋論文「一門三賢説話と能」では、「正儀世守」が典拠とする説話には母親の身代わりの記述がありながら、最古本の野坂本にはその記述がなく、より時代の下った版本に再び身代わりの記述が見える事実について言及し、基本的には野坂本を最古本と位置づけながらも、この場面のみは版本の本文に「古態」を見出している。しかし、その場面にかぎって変則的に版本に「古態」を認める以上、より踏み込んだ説明が必要であるように思われる。

10 表章「能の変貌」（『中世文学』三五号・一九九〇年）。

11 以下の記述についての細かな論証は、拙稿「室町殿の紛争解決法」（同『室町社会の騒擾と秩序』吉川弘文館・二〇〇四年）参照。

12 『長興宿禰記』文明一一年六月一日条（『史料纂集』所収）。

13 『看聞日記』応永二三年五月五日条（『続群書類従』所収）。

14 「樵談治要」（『群書類従』所収）。

15 永享一一年卯月日　金剛峯寺五番衆契状案（『大日本古文書　高野山文書』四四三号）。

16 文亀元年閏六月日　細川政元定書案（『中世法制史料集第四巻　武家家法Ⅱ』二二六号）。

17 『看聞日記』応永三一年三月一四日条、『満済准后日記』同年同月同日条、『常楽記』同年五月二七日条（『群書類従』所収）。なお、前掲拙著でこの事件に言及したさい、史料中に「赤松左馬助」とある当事者を赤松則繁としたが、その後、桜井英治氏のご教示により、正しくは応永三一年当時の「赤松左馬助」は赤松義雅であり、則繁は「赤松三郎」であることを知った（『花営三代記』応永三〇年八月三〇日条など）。桜井氏のご教示に感謝するとともに、本書では人名比定に訂正を加えたことを付記しておく。

18 『綱光公記』寛正三年九月五～一六日条（東京大学史料編纂所写真帳による）、『蔭凉軒日録』寛正三年八月一七日～九月一六日条（『増補続史料大成』所収）、『大乗院寺社雑事記』寛正三年八月晦日条（『増補続史料大成』所収）。本事件については、新田英治「中世の日記を読

むにあたって」（学習院大学文学部史学科編『歴史遊学』山川出版社・二〇〇一年）参照。

19 『長興宿禰記』文明一二年九月一六日条（『史料纂集』所収）、『親長卿記』同年同月二四・二五日条（『増補史料大成』所収）、『後法興院政家記』同年同月二〇・二一日条（『陽明叢書』所収）。

20 『康富記』文安元年閏六月一九日条（『増補史料大成』所収）、『師郷記』同年同月同日条（『史料纂集』所収）。

21 『大乗院寺社雑事記』文亀二年八月五日条、『実隆公記』文亀二年七月二七日条（続群書類従完成会）。勝俣鎮夫「戦国法」（同『戦国法成立史論』東京大学出版会・一九七九年、初出一九七六年）参照。

22 この事件については、『大乗院寺社雑事記』長享二年二月四日条、『後法興院政家記』同年正月二五日条参照。このときは広橋家の場合と同じく当の尊勝院自身が負傷し、そのほか従者も殺害されてしまったのに対し、幕府は結城尚隆側に被官一人を切腹させるという処置を命じている。おそらくは切腹させられた被官は喧嘩の原因をつくった「本人」で、この措置は本人切腹制に基づいたものだったのであろう。しかし、文亀二年当時の幕府は、このことを知ってか知らずか、この事件を「主人の負傷は計算に入れない」という判例として曲解したうえで引用してしまっている。

23 なお、室町幕府の制定したとされる喧嘩両成敗法としては、観応元年五月日　足利尊氏禁制（『中世法制史料集　第二巻　室町幕府法』参考三三九条）、文安二年四月日藤原伊勢守定書（『中世法制史料集　第二巻　室町幕府法』参考三四九条）が伝えられている。しかし、これらの文書には疑問点が多く、『中世法制史料集　第二巻　室町幕府法』においても「存疑」として扱われている。そのため本書ではこれらの文書は検討の対象からはずした。

24 『経覚私要鈔』宝徳三年九月二一日条（『史料纂集』）。

25 『経覚私要鈔』康正二年正月二四日条。

26 羽下徳彦「故戦防戦をめぐって」（『論集　中世の窓』吉川弘文館・一九七七年）。

27 『鴉鷺物語』第四（『室町物語集　上〔新日本古典文学大系〕』）。

28 『薬師寺中下臈検断之引付』天正二年一〇月八日条（『奈良国立文化財研究所学報　二二　研究論集Ⅱ』所収）。

●第七章

1 「前橋旧蔵聞書」（三浦周行「喧嘩両成敗法」〔同『法制史の研究』岩波書店・一九一九年、初出一九〇〇年〕所引）。

2 服藤弘司「喧嘩両成敗法」（『社会科学の方法』二〇号・

一九七一年)。
3 横地ますみ「喧嘩両成敗法についての一考察」(名古屋郷土文化会『郷土文化』五三巻一号・一九九八年)。
4 谷口眞子「正当防衛の『発見』」(同『近世社会と法規範』吉川弘文館・二〇〇五年、初出一九九七年)。
5 尾藤正英「戦国大名と幕藩体制」(同『江戸時代とはなにか』岩波書店・一九九二年、初出一九八五年)。
6 佐藤進一・池内義資・百瀬今朝雄編『中世法制史料集第三巻 武家家法Ⅰ』(岩波書店・一九六五年)所収。
7 元和四年正月一日 阿波藩定書(「阿波国制度記」『大日本史料』第一二編二九巻一〇～一六頁)。
8 佐藤進一・池内義資・百瀬今朝雄編『中世法制史料集第三巻 武家家法Ⅰ』(岩波書店・一九六五年)所収。
9 尾藤前掲論文。
10 勝俣鎮夫「戦国法」(同『戦国法成立史論』東京大学出版会・一九七九年、初出一九七六年)。
11 堀米庸三『ヨーロッパ中世世界の構造』(岩波書店・一九七六年)、村上淳一『近代法の形成』(岩波書店〔岩波全書〕・一九七九年)など。
12 佐藤進一・池内義資・百瀬今朝雄編『中世法制史料集第三巻 武家家法Ⅰ』(岩波書店・一九六五年)所収。
13 個別法令としての喧嘩両成敗法には、越後上杉氏では天正五年一〇月二五日 上杉輝虎制札写(上杉家文書、『新潟県史 資料編三 中世一』二六八号)や、天正八年二月一七日 上杉景勝制札(柏崎市立図書館所蔵文書、『新潟県史 資料編四 中世二』二二七七号)、常陸佐竹氏では文禄四年一一月二〇日 佐竹義宣掟書写(『茨城県史料 中世Ⅳ』秋田藩家蔵文書一七―六五号)などがあげられる。
14 藤木久志『豊臣平和令と戦国社会』(東京大学出版会・一九八五年)。
15 天正五年九月 織田信長洛中五条馬市場定書(森元氏旧蔵文書、馬の博物館現蔵。『中世法制史料集 第五巻 武家家法Ⅲ』八九三号)。
16 天正一五年六月日 豊臣秀吉法度写(『大日本古文書 毛利家文書』一一一四号)。
17 天正一九年六月朔日 豊臣秀吉法度(「鍋島文書」二〇号、『佐賀県史料集成』所収)。
18 (天正一六年)閏五月一四日 豊臣秀吉朱印状(『大日本古文書 小早川家文書』五一二号ほか)。
19 三浦周行「喧嘩両成敗法」(同『法制史の研究』岩波書店・一九一九年、初出一九〇〇年)。
20 酒井紀美「水論と村落」(同『日本中世の在地社会』吉川弘文館・一九九九年、初出一九七六年)、藤木久志「村落の平和=喧嘩停止令」(同『豊臣平和令と戦国社会』東京大学出版会・一九八五年)参照。

21 『多聞院日記』天正二〇年一〇月二三日条（『増補続史料大成』所収）。

22 『西宮市史　第四巻　史料編1』（一九六二年）所収。

23 『経覚私要鈔』宝徳三年九月二一・二二日条（『史料纂集』所収）。

24 酒井紀美「中世法と在地社会」（歴史学研究会・日本史研究会編『日本史講座　四』東京大学出版会・二〇〇四年）。

25 藤木久志『織田・豊臣政権〔日本の歴史一五〕』（小学館・一九七五年）二二〇〜二二四頁。

26 高埜利彦『元禄・享保の時代〔集英社版日本の歴史一三〕』（集英社・一九九二年）。

27 拙著『室町社会の騒擾と秩序』（吉川弘文館・二〇〇四年）。

28 網野善彦『増補　無縁・公界・楽』（平凡社〔平凡社選書〕・一九八七年、初版一九七八年）。

29 石井紫郎「近世の武家と武士」（同『日本国制史研究Ⅱ　日本人の国家生活』東京大学出版会・一九八六年、初出一九七四年）、尾藤前掲論文参照。このほか、赤穂事件の性格についての最近の分析としては、高木昭作「敵討ちの論理」、田原嗣郎「赤穂事件論争の軌跡」（ともに『歴史評論』六一七号・二〇〇一年）、谷口眞子「赤穂浪士にみる武士道と『家』の名誉」（『日本歴史』六五〇号・二〇〇二年）がある。

30 「多門伝八郎覚書」（『近世武家思想〔日本思想大系〕』所収）。

31 「四十六士論」（『近世武家思想〔日本思想大系〕』所収）。

32 高木前掲論文。

33 「堀部武庸筆記」上（『近世武家思想〔日本思想大系〕』所収）。

34 「政談」巻之四（『荻生徂徠〔日本思想大系〕』所収）。

35 高木昭作「『秀吉の平和』と武士の変質」（同『日本近世国家史の研究』岩波書店・一九九〇年、初出一九八四年）。

●エピローグ

1 以下の記述は、『判例タイムズ』五六〇号（一九八五年）を参照した。

2 「朝日新聞（大阪版）」一九八五年七月三一日朝刊。

3 青木人志『「大岡裁き」の法意識』（光文社〔光文社新書〕・二〇〇五年）。

4 能見善久「『痛み分け』社会の民法」（落合誠一編『論文から見る現代社会と法』有斐閣・一九九五年）。このほか過失相殺については、能見善久「寄与度減責」（四宮和夫先生古希記念論文集『民法・信託法理論の展開』弘文堂・一九八六年）、窪田充見『過失相殺の法理』（有斐閣・一九九四年）、日本交通法学会編『過失相殺の諸相（交通法研究　三〇）』（有斐閣・二〇〇二年）を参照した。

5　川島武宜『日本人の法意識』〔岩波書店〔岩波新書〕・一九六七年〕。

6　荻野博司「労使折半の歴史」〔「朝日新聞」二〇〇四年一一月五日夕刊〕。

7　第二章註1。

8　ルイス・フロイス〔岡田章雄訳〕『ヨーロッパ文化と日本文化』〔岩波書店〔岩波文庫〕・一九九一年〕。

あとがき

よくいわれることだが、「室町時代」という時代は、すぐあとの「戦国時代」などに比べると、はるかに影が薄く、一般の方にもイメージの抱きにくい時代のようである。かつて室町時代を舞台にして日野富子を主人公にした大河ドラマがつくられたこともあったが、専門の研究者が見ても決して面白いものではなかったから、おそらく一般の人にはまったく興味がもたれなかったのだろう。視聴率では、歴代大河ドラマのなかで堂々のワースト・ワンだったと聞いている。かの「国民的作家」司馬遼太郎の作品のなかにも、応仁の乱を主題にした中編小説がある。が、読んでみると、（ファンの方には悪いが）これが『竜馬がゆく』や『国盗り物語』を書いたのと同じ作家かと思えるような凡庸な作品で、最後まで読むのにかなりの苦痛をしいられるものだった。このほか、そもそも「室町時代」を扱ったドラマや小説自体がきわめて少ないのだが、私自身、研究者を志す以前も、志した以後も、幸か不幸か、「室町時代」を舞台にした小説やドラマで心底「面白い」と感じるものにまだ出会った経験がない。

これはべつにドラマの制作者や作家個人の力量の問題というよりも、きっと室町時代の人々の思考や行動が、そもそも近代の〈物語〉構造にはそぐわない性格をもっているからではないかと思う。彼らは現代人の「常識」とは遥かに異なる「常識」に生きていたのであって、それを現代的な枠組みに当てはめて考えること自体にまちがいがあるのではないだろうか。逆に言えば、そうした物語作家が汲みとれない深部に迫ることができるというのが歴史研究の醍醐味であって、歴史研究者の腕の見せどころなのである。

本書は、そんな私自身が面白いと感じる世界の一端を私なりに多くの方々に紹介したくて書いたつもりである。馴染みのない登場人物が大勢出てくるが、それなりに面白いと感じていただけたのなら、著者としては大成功だと思っている。そのうえさらに、本書を読んで、それが「日本社会」や「暴力と秩序」の問題について考えるきっかけやヒントにでもなったとすれば、もう本当に書き手としては万々歳である。

私に本書執筆の機会をおあたえいただいたのは、講談社選書部の山崎比呂志氏である。昨年の夏、私はタイトルだけは妙に派手な研究論文集を一冊出版したのだが、そもそもそれは内容も値段も発行部数も、まったくごく限られた専門家を対象としたものだった。しかし、なぜか山崎氏はそんなものに目をとめられ、発売からわずか数週間で、この得体の知れない駆け出しの研究者に本書の企画を持ちかけられたのである。そのころ、初めての著書の内容にまったく自信がもてずに悶々としていた私には、山崎氏からの過分のご評価と前著の内容を踏まえた新しい冒険へのお誘いが、本当にありがたかった。そのあまりの果報に、非力を顧みず執筆を快諾してしまった次第である。

とはいえ、初めての一般書の執筆では、これまでの専門論文を書くのとはちがった努力や工夫をせざるをえず、さまざまな面で苦労させられることも多かった。同業者の視線を気にして無意識に文章がちぢこまってしまいそうになるとき、山崎氏の「研究者としてではなく、最後は一市民として現代の日本社会に対する意見を！」との熱い叱咤には、なんども勇気づけられた。また、旧友小泉有紀氏と妻智子には迷惑を顧みず、たびたび相談にのってもらい、「読者代表」として文章の構成や表現の面で貴重なアドバイスをもらった。本書が読みやすいものになっているとすれば、それは山崎氏と彼女たちのおかげである。

本当に深く感謝してます。

二〇〇五年一二月

清水　克行

は

ま

や

た

な

か

さ

索引

あ

喧嘩《けんか》両成敗《りょうせいばい》の誕生《たんじょう》

二〇〇六年二月一〇日第一刷発行　二〇二四年四月一五日第一五刷発行

著者　清水克行《しみずかつゆき》

発行者　森田浩章

発行所　株式会社講談社

東京都文京区音羽二丁目一二―二一　郵便番号一一二―八〇〇一

電話（編集）〇三―五三九五―三五一二（販売）〇三―五三九五―五八一七

（業務）〇三―五三九五―三六一五

装幀者　山岸義明　本文データ制作　講談社デジタル製作

印刷所　信毎書籍印刷株式会社　製本所　大口製本印刷株式会社

ISBN4-06-258353-4　Printed in Japan

N.D.C.210.4　230p　19cm

講談社選書メチエ　刊行の辞

書物からまったく離れて生きるのはむずかしいことです。百年ばかり昔、アンドレ・ジッドは自分にむかって「すべての書物を捨てるべし」と命じながら、パリからアフリカへ旅立ちました。旅の荷は軽くなかったようです。ひそかに書物をたずさえていたからでした。ジッドのように意地を張らず、書物とともに世界を旅して、いらなくなったら捨てていけばいいのではないでしょうか。

現代は、星の数ほどにも本の書き手が見あたります。読み手と書き手がこれほど近づきあっている時代はありません。きのうの読者が、一夜あければ著者となって、あらたな読者にめぐりあう。その読者のなかから、またあらたな著者が生まれるのです。この循環の過程で読書の質も変わっていきます。人は書き手になることで熟練の読み手になるものです。

選書メチエはこのような時代にふさわしい書物の刊行をめざしています。

フランス語でメチエは、経験によって身につく技術のことをいいます。道具を駆使しておこなう仕事のことでもあります。また、生活と直接に結びついた専門的な技能を指すこともあります。

いま地球の環境はますます複雑な変化を見せ、予測困難な状況が刻々あらわれています。

そのなかで、読者それぞれの「メチエ」を活かす一助として、本選書が役立つことを願っています。

一九九四年二月

野間佐和子

KODANSHA